Herderbücherei

Band 879

Professor Herbert Vorgrimler über das Buch

Ein wichtiger und aus heutiger Theologie überhaupt nicht mehr wegzudenkender Bestandteil dieser Theologie, die aus Erfahrung hervorging und zum Handeln inspiriert, ist die sogenannte Feministische Theologie. Selbstverständlich ist sie, in ihren europäischen Anfängen in den 60er Jahren ebenso wie in ihrer amerikanischen Entfaltung in den 70er Jahren, zunächst einmal von Zorn und Entrüstung geprägt: Jahrhunderte einer heute immer unverständlicheren Diskriminierung der Frauen in Kirche und Theologie stehen im Hintergrund und sind nicht einfach beiseite zu wischen.

Aber Feministische Theologie ist mehr. Sie ist Teil einer weltweiten Bewegung zur Befreiung der Hälfte der Menschheit, der Frauen, in allen gesellschaftlichen Gruppen und Strukturen. Und als Wissenschaft ist sie Teil einer umfassenden Frauenforschung. Elisabeth Gössmann versteht es, Beweggründe, Stilformen und Ziele der Feministischen Theologie transparent zu machen. Niemand, der sich für Theologie interessiert, kann die Augen vor der Einseitigkeit verschließen, mit der das Christentum in religionsgeschichtlicher und psychologischer Hinsicht von Männern besetzt gehalten wird. Niemand kann die Probleme übersehen, die sich aus der Zurücksetzung der Frauen in der Kirchengeschichte ergeben.

Elisabeth Gössmann erhellt diese Einseitigkeiten und Probleme, ohne in das naheliegende andere Extrem einer Männerdiskriminierung zu verfallen. Es wird künftig keine Rede über Gott und Gottesbild, über Jesus, über Maria, die Heiligen, die Kirche geben, die die Erkenntnisse der Feministischen Theologie unbeachtet lassen dürfte. Elisabeth Gössmann bietet die notwendige Erstinformation und mannigfaltige Anstöße zum Nachdenken.

Von der gleichen Verfasserin:

Mann und Frau in Familie und Öffentlichkeit, München 1964 (jetzt Eos-Verlag, St. Ottilien); Die Frau und ihr Auftrag. Gestalten und Lebensformen, Freiburg 1965 (mit Kapiteln über die Frauenbewegung, Simone Weil, Edith Stein); Das Bild der Frau heute, Düsseldorf ²1967 (mit einer Auswertung der Konzilstexte zur Stellung der Frau, Verlag Haus der Katholischen Frauen, Düsseldorf).

## *... besonders für Leserinnen*

Elisabeth Gössmann

# Die streitbaren Schwestern

## Was will die Feministische Theologie?

Herderbücherei

Originalausgabe
erstmals veröffentlicht als Herder-Taschenbuch
Umschlaggraphik: Kristine Rothfuß-Rietmann


Herder Freiburg · Basel · Wien
Herstellung: Freiburger Graphische Betriebe 1981
ISBN 3-451-07879-1

*Meiner Mutter*
*Caecilie Placke geborene Mensing*
*1900–1981*

# Inhalt

# Vorwort

Das Angebot des Verlages gab mir die Gelegenheit, mit diesem Bändchen nach mehr als einem Jahrzehnt eine Thematik wieder aufzugreifen, zu der ich mich in den sechziger Jahren mehrfach geäußert hatte. Eine dem Frauenproblem gewidmete Vorlesungsreihe in Japan sorgte seither dafür, mit der Fülle der besonders im Amerika der siebziger Jahre erschienenen Literatur zum Thema vertraut zu werden und deren Methoden und Ergebnisse mit den europäischen Veröffentlichungen der sechziger Jahre zu vergleichen. Mangels genügender Rezeption der letzteren auf dem amerikanischen Kontinent, so stellte ich fest, wurde dort ein Teil der Arbeit noch einmal gemacht, aber es kam auch, aufgrund der anders gelagerten politischen und gesellschaftlichen Situation, zu radikaleren Lösungsversuchen.

Gegenwärtig wird bei uns die Feministische Theologie Amerikas mit Hilfe von zahlreichen – im Niveau sehr unterschiedlichen – Übersetzungen rezipiert. Bei denen, die schon vor zwei Jahrzehnten die philosophisch-theologische Diskussion der Frauenfrage verfolgt haben, hört man des öfteren enttäuschte Reaktionen, weil sie auf vieles längst Bekannte treffen, anderes absurd finden, oder auch, weil sie wissenschaftliche Ansprüche nicht genügend gewährleistet sehen. Andere, die erst später in die Thematik hineinwuchsen, bestätigen, daß ihre Erwartungen eines Neugewinns durch die Feministische Theologie Amerikas erfüllt wurden. Beides erklärt sich aus dem Gang der Rezeption.

Aber nicht nur kontinuierliche Lektüre, sondern auch zahlreiche Gespräche hüben wie drüben trugen zur Genese dieses Bändchens bei. Als eine Art Hintergrundinformation diente mir, was ich von japanischen Kolleginnen und Studentinnen und durch so angeregtes religionswissenschaftliches Studium über die Situation der Frau in asiatischen Religionen erfuhr: durchaus vergleichbar mit der jüdisch-christlichen Tradition. Darauf konnte jedoch in diesem Rahmen nicht eingegangen werden.

Anstelle vieler Namen, die hier als Gesprächspartner aus früherer und jüngster Zeit zu nennen wären, seien stellvertretend nur diese genannt: Elisabeth Richstätter, Theresia Hauser, Yumi Kudo; für bibliographische Hinweise danke ich Ingrid Guentherodt und Catharina Halkes.

München, im August 1981 *Elisabeth Gössmann*

EINLEITUNG

# Zum Begriff der Feministischen Theologie

Ziel dieses Bändchens ist es, über die Themen und Auffassungen, die uns gegenwärtig unter der Bezeichnung Feministische Theologie begegnen, kritisch zu informieren. Es werden keine neuen Theorien entworfen, sondern die Gedankengänge, die während der sechziger und siebziger Jahre zur Stellung der Frau im Christentum entwickelt wurden, sollen in ihrem Entstehungsprozess beschrieben und, soweit dies heute schon möglich ist, zu beurteilen versucht werden.

Vor einigen Jahren, als der Begriff Feministische Theologie bei uns zuerst auftauchte, konnte sogar unter denen Verwirrung entstehen, die sich schon jahrzehntelang mit einer philosophisch-theologischen Anthropologie der Geschlechter beschäftigt hatten: Handelt es sich hier um Theologie des Feminismus, also wie bei der Theologie der Befreiung oder der älteren Theologie des Leidens und ähnlichem um eine neue Spielart der sogenannten Genitiv-Theologien[1]? Wenn ja, läßt sich Feminismus in seiner ganzen Breite in die Theologie integrieren, oder soll man Feministische Theologie lediglich als einen Versuch deuten, Einstellungen und Lebenshaltungen, aber auch Kampfziele des Feminismus, soweit mit dem Christentum vereinbar, in die Theologie zu integrieren? Und was bedeutet Theologie in diesem Zusammenhang? Eine Universitätswissenschaft, die ihren Anspruch auf Wissenschaftlichkeit gegenüber empirisch und analytisch verfahrenden Wissenschaften neu zu begründen hat und dabei sogar immer mehr in die Defensive gerät[2]? Oder vielmehr eine Bewegung des Aufbruchs aus einer nicht mehr akzeptierten gesellschaftlich-kirchlichen Lebenswelt?

Um eine vorläufige Antwort vorwegzunehmen, kann uns der Titel eines grundlegenden Buches zur Feministischen Theologie weiterhelfen: „Human Liberation in a Feminist Perspective – A Theology" von Letty M. Russell (1974). Das Wort Theologie ist also gleichsam nachgeholt und steht für die Tatsache, daß man aus feministischer Perspektive theologisch über Befreiung – oder um einen vertrauteren Begriff zu gebrauchen: Erlösung des Menschengeschlechtes als einen permanenten Prozeß schreiben kann. Aber nicht nur schreiben: denn hier geht es weniger um „Theologie betreiben" im üblichen Sinne, als vielmehr um eine aus Erfahrung hervorgegangene und zum Handeln inspirierende Art von Theologie, die sich aus der Interdependenz von „action" und „reflection" immer neu konstituieren will.

Nur wenn man den Ursprung der Feministischen Theologie im Rahmen der Befreiungstheologie des amerikanischen Kontinents mitberücksichtigt, kann man diesen Begriff richtig verstehen[3]. Die gleichen sozialen und religiösen Erfahrungen können wir jedoch in Europa nicht unmittelbar machen, und daher verändert sich etwas im Verständnishorizont, wenn aus der Feminist Theology bei uns eine Feministische Theologie wird. Zwar gibt es auch auf unserem Kontinent Befreiungsbewegungen, aber daß die Impulse dazu aus dem christlichen Glauben kommen und daß die biblischen Schriften des Alten und Neuen Testamentes die Muster der Erfahrungen eines befreienden Handelns abgeben, ist etwas, das den amerikanischen Kontinent gegenwärtig von uns unterscheidet und woran wir nur durch Vermittlung partizipieren können. Zwar wurde auch bei uns eine politische Theologie entwickelt, aber, wie dieser von amerikanischer Seite vorgeworfen wird[4], vernachlässigte sie das grundlegende Problem der Befreiung des Menschen aus jenen Bedrängnissen, die mit dem Begriff „Sexismus" erfaßt werden sollen.

In Amerika hat der Aufbruch der Frauen besonders seit den späten sechziger Jahren seinen „Sitz im Leben" gerade dadurch erhalten, daß im Zusammenhang mit dem Widerspruch gegen den Vietnamkrieg, gegen Rassendiskriminierung und die Zustände im südlichen Subkontinent, die Frauen erkannten, wie eng ihre Probleme mit diesem allen verflochten sind. Zorn und Entrüstung waren dabei im Spiele. Sie sind ein starkes Motiv, wenn es gilt, eine soziale Befreiungsbewegung in Gang zu setzen, und man kann es aus der Situation verstehen, wenn in diesem Zusammenhang auch von der Feministischen Theologie sogenannte antifeministische Äußerungen über die Frau aus der christlichen Tradition ohne besondere Berücksichtigung des Kontextes und ohne Besinnung auf wissenschaftliche Methoden agitatorisch benutzt wurden, um auszudrücken: Von denjenigen Elementen unserer Tradition, die sich für die Frauen als schädlich erwiesen haben, distanzieren wir uns. Zorn und Entrüstung können auch der Anlaß sein, um einen Prozeß wissenschaftlichen Forschens auszulösen. Für die Forschung selber aber ist eine „aus Zorn geborene Kreativität" unzuträglich. Es bedarf vielmehr eines klaren Methodenbewußtseins, das durch Emotionen nur getrübt werden kann.

Aber es gibt ja nicht nur die vorwiegend als religiös-soziale Bewegung zu verstehende Feministische Theologie. In Europa wie in Amerika entstanden vereinzelt schon früher, in verstärktem Maße jedoch seit den sechziger Jahren, solche Forschungsarbeiten, die zu den „Women studies in Theology" zu rechnen sind und die heute mitgemeint sind, wenn von Feministischer Theologie die Rede ist. Man kann vielleicht sagen, daß die Feministische Theologie auf dem Weg zu einer umfassenden theologischen Frauenforschung ist. Wie in anderen Fächern, etwa den Literatur-, Sprach- und Geschichtswissenschaften, soll auch hier das von männlichen Wissenschaftlern bisher nicht genügend intendierte Wissen über die Frau zutage gefördert werden, als hätten sie bisher nur in anonymer Selbstverständlichkeit gewirkt und gearbeitet. Daß ein solcher Nachholbedarf ungeahnten Ausmaßes besteht, kann man sich durch ein einziges Beispiel überzeugend vergegenwärtigen: Die deutsche Feministin Marielouise Janssen-Jurreit weist in ihrem Buch „Sexismus“ in dem Kapitel „Die Geschichtslosigkeit der Frau wird durch die Geschichtsschreibung hergestellt“ unter anderem auf das Werk Golo Manns über Deutschlands Geschichte im 19. und 20. Jahrhundert hin, der für das 19. Jahrhundert nur zwei und für das 20. nur einen einzigen Frauennamen erwähnt[5]. Diese im krassen Gegensatz zur Realität wie zur Repräsentanz der Frauen in den Geschichtsquellen stehende Tatsache zeigt, wie notwendig es ist, die historische Quellenarbeit noch einmal zu tun und das Unterschlagene ans Licht zu holen, nach einem geläufigen feministischen Kalauer also herstory statt bloßer hi(s)story zu schreiben.

Ein gleiches gilt für die verschiedenen Fächer der Theologie. Wir wissen noch lange nicht genug darüber, wer die Frau in den einzelnen Epochen seit dem Beginn des Christentums wirklich war, ob nicht am Ende gar eine Spannung besteht zwischen dem, was man über die Frau dachte und dem, was sie lebte. Feministische Theologie in diesem zweiten Sinn, nämlich als Frauenforschung (wie man Women Studies wohl am sinnvollsten übersetzt), wird noch auf lange Zeit eine wichtige Aufgabe in der Theologie sein und Orientierungshilfen geben.

Dieses Bändchen handelt von beiden Elementen der Feministischen Theologie, aber der Herkunft und bisherigen Arbeit der Autorin entsprechend liegt der Schwerpunkt mehr auf den Motiven und Ergebnissen der theologischen Frauenforschung. Polemik ist nicht seine Absicht, obwohl über polemische Auseinandersetzungen berichtet werden muß. Da der Begriff „Feministische Theologie“ sich bereits durchgesetzt hat, braucht auch nicht mehr darüber diskutiert zu werden, ob man ihn (wegen zahlreicher Möglichkeiten des Mißverständnisses) besser durch einen anderen ersetzen sollte. In bezug auf die damit gemeinte Sache bedarf es aber einer präzisierenden Reflexion, welche die Frage mit einschließt, wie die Feministische Theologie - trotz ihrer vielleicht noch lange notwendigen gesellschaftskritischen Aufgabe - darauf hinarbeiten kann, sich selbst überflüssig zu machen. Dies wird dann der Fall sein, wenn es selbstverständlich geworden ist, daß Mann und Frau gemeint sind, wenn man vom Menschen spricht.

## 1. KAPITEL

# Theologie – Feminismus – Feministische Theologie

Um die Möglichkeiten, aber auch Gefahren einer Feministischen Theologie richtig einzuschätzen, müssen wir davon ausgehen, daß Theologie zwar auch, aber nicht nur „das Reden des Menschen von seinem Gottverlangen“[1] ist. Es entsteht die Frage, ob und wo die Feministische Theologie in der gegenwärtigen und künftigen theologischen Wissenschaft ihren Ort hat. Dozenturen oder Professuren für theologische Frauenforschung bzw. Feministische Theologie in Amerika und in Holland haben von sich reden gemacht. Daß es sie in Deutschland noch nicht gibt, wird vielfach als ein Zeichen von Rückständigkeit gesehen. Aber sind dabei nicht auch noch andere Gesichtspunkte zu bedenken?

Bekanntlich setzt sich die theologische Wissenschaft aus einer Vielzahl von Fächern zusammen, deren Einheit schwer zu benennen und zu umschreiben ist. Auch die menschlichen Begabungen sind verschieden. Die historischen Fächer in der Theologie erfordern ein anderes Arbeiten als die systematischen und die praktischen wiederum ein anderes. Feministische Theologie mit dem Ziel der Ganzheit ist also nur in einer Art team work der verschiedenen Fachvertreter zu verwirklichen. Wer eine Dozentur oder einen Lehrstuhl für Feministische Theologie verwaltet, wird sich der Begabung und wissenschaftlichen Herkunft entsprechend auf den historischen oder den systematischen oder aber den praktischen Ansatz konzentrieren müssen. Andernfalls kommt es zur Kompetenzüberschreitung und zu fragwürdigen oder fehlerhaften Ergebnissen.

Um ein paralleles Beispiel anzuführen: Vor der Einrichtung ökumenischer Lehrstühle an den Theologischen Fakultäten bzw. Fachbereichen waren viele ökumenisch eingestellte Theologen der Meinung, daß ein solches neues Fach innerhalb der ohnehin schon weit aufgefächerten theologischen Wissenschaft alle anderen Fachvertreter dazu verleiten könnte, sich vom ökumenischen Ansatz zu dispensieren. Dementsprechend könnte die Existenz einer Dozentur für Feministische Theologie verhindern, daß der allmählich bewußt gewordene feminologische Aspekt das breite Spektrum an Fächern innerhalb der theologischen Wissenschaft wirksam durchdringt.

Zudem käme es zu zahlreichen Überschneidungen mit anderen in unserer Zeit neu eingeführten theologischen Fächern, besonders mit dem der Christlichen Gesellschaftslehre. Feministische Theologie kann nicht eine eigene theologische Disziplin neben anderen sein, sondern gehört als besonderes „Ferment" in alle bestehenden. Sonst läuft sie Gefahr, ins Abseits zu geraten. Man stelle sich einmal vor, was passieren könnte: Dogmatik und Moraltheologie gelten weiterhin als Haupt- und Examensfächer, Feministische Theologie läuft als Nebenfach oder kann allenfalls von Studentinnen als besonderes Prüfungsfach gewählt werden. Studienordnungen können eine solche „verselbständigte" Feministische Theologie kaltstellen und als „Orchideenfach" ihr isoliertes Dasein fristen lassen.

Ganz anders sieht es jedoch aus, wenn man sich überlegt, wie der feminologische Aspekt die einzelnen schon vorhandenen theologischen Disziplinen durchdringen könnte und welche neuen Aufgaben sich hier stellen würden. Dies sei in aller Kürze angedeutet.

Gehen wir einmal von den theologischen Disziplinen aus, wie sie an unseren Universitäten gelehrt werden[2]. Der Fundamentaltheologie obliegt nach heutigem Verständnis nicht nur die Reflexion von Glaube und Offenbarung sowie von Kirche als Institution und Ereignis, sondern auch die Konfrontation mit den profanen Wissenschaften. Viele neue und bewußtseinsverändernde Probleme kommen hinzu, wie etwa der Anspruch des Christentums in einer pluralistischen Gesellschaft, eine aus den Ergebnissen der Religionswissenschaft und des geschichtlichen Religionsvergleichs erst langsam zu erarbeitende Theologie der Religionen, die Weltanschauungs- und Ideologiekritik, die Deutung von Profanität und Säkularisation. Hier wäre nun der Ort der Beschreibung heutiger Wirkung des Evangeliums in den Befreiungsbewegungen, darunter also auch der Feministischen Theologie. Hier wäre ebenfalls der Ort der Auseinandersetzung mit dem allgemeinen, nicht- bis antichristlichen Feminismus und seinem Menschenbild, ebenso wie man sich in der Fundamentaltheologie über das marxistische Menschenbild Gedanken machen muß. Hier wäre weiterhin nicht nur die Stellung der Frau in den außerchristlichen Religionen, sondern auch die Wechselbeziehung zwischen dieser und den feminin geprägten Gottesbildern zu berücksichtigen.

Die alttestamentliche und neutestamentliche Bibelwissenschaft hat – lange vor dem Einsetzen von Feministischer Theologie im Sinne von Frauenforschung – durch ihre historisch-kritische Methode bereits das Entscheidende getan: Sie hat eine Bibelinterpretation unterbunden bzw. als falsch entlarvt, die aus dem Zusammenhang gerissene Texte zur Unterdrückung der Frau mißbrauchte. Das berüchtigte „Mulier taceat in Ecclesia“ (1 Kor 14,34) kann nicht mehr als Einwand gegen weibliche Gemeindeaktivität fungieren, seit man sich darüber klar geworden ist, daß alles, was damals und dort geschrieben wurde, nicht in gleicher Weise auch heute und hier Geltung hat. Die Berücksichtigung der Relativität der sozio-kulturellen Umwelt sowie der verschiedenartigen theologischen Herkunft und Absicht der biblischen Schriftsteller hat uns in den Stand versetzt, die biblischen Aussagen über Mann und Frau richtig einzuschätzen. Hier muß man ehrlicherweise sagen, daß männliche Theologen, seit ihnen die historisch-kritische Methode zur Verfügung stand, bereits vieles an unzutreffenden Deutungen der Heiligen Schrift korrigiert hatten.

Dies kam der beginnenden Feministischen Theologie geradezu entgegen.

Daß die Erforschung der Kirchengeschichte unter feminologischem Aspekt – wie die der Profangeschichte – eben erst begonnen hat, liegt auf der Hand. Hier geht es darum, nicht nur die sogenannten großen Frauengestalten in ihrem Einfluß auf Politik und kirchliche Erneuerungsbewegungen zu erforschen – man denke etwa an die zur Zeit recht zahlreichen Arbeiten über Hildegard von Bingen, Katharina von Siena, Teresa von Avila etc. –, sondern auch das soziale Leben und die Wirkung der anonym gebliebenen Frauen, soweit die in patriarchalischen Zeiten entstandenen Geschichtsquellen uns dies ermöglichen. Aber nach den bisherigen Erfahrungen in der Frauenforschung steht fest, daß die Quellen zur Geschichte der Frau im Christentum weit mehr Erkenntnisse ermöglichen, als uns durch die herkömmliche Geschichtsschreibung zugänglich gemacht wurden.

Die Dogmatik als die systematische Darstellung des christlichen Glaubens kann heute nicht mehr wissenschaftlich verantwortet werden ohne Einbeziehung der Ergebnisse der Bibelwissenschaft sowie der theologiegeschichtlichen Forschung von der Zeit der Kirchenväter bis zur Gegenwart. Die Erforschung der Theologiegeschichte als Entwicklung des Glaubensbewußtseins schließt in sich, daß auf Fehlentwicklungen aufmerksam gemacht werden muß, die in ihren Konsequenzen die Inhalte des christlichen Glaubens verfälscht haben und von denen die systematische Darstellung freigehalten werden muß. Dies gilt nicht nur, aber in besonderem Maße für das christliche Menschenbild. Konkret gesprochen: Wenn neutestamentliche Autoren, in einer bestimmten Tradition stehend (wie Paulus als gelernter Rabbiner) alttestamentliche Texte in ihrem speziellen Verständnishorizont und Interesse interpretieren, ohne das Ganze zu erfassen, so müssen alle dogmatischen Konklusionen daraus kritisch überprüft werden. Das gleiche gilt, wenn patristische und scholastische Autoren in

Unkenntnis der alttestamentlichen Textgeschichte und der erst durch die historisch-kritische Methode möglich gewordenen Quellenscheidung Bibelstellen wie die Schöpfungsberichte mit ihren Aussagen über Mann und Frau in Anlehnung an ihre eigene sozio-kulturelle Umwelt interpretieren oder durch ihre philosophischen Einstellungen überfremden. Es bedarf heute größter Umsicht und Wachsamkeit, um zu erkennen, welche auf Konklusionen aus falschen Voraussetzungen beruhenden Aussagen der Tradition von einer systematischen Darstellung der christlichen Lehre fernzuhalten sind.

Wenn die Moraltheologie sich als wissenschaftliche Darstellung und Erklärung der Glaubensbotschaft vom sittlichen Leben des Christen versteht und die Nachfolge Jesu unter den jeweiligen geschichtlichen Umständen zu beschreiben versucht, dann kann hier der feminologische Aspekt eine von der kreatürlichen und spirituellen Ebenbürtigkeit von Mann und Frau ausgehende Neufassung der christlichen Ethik bewirken, welche die gegenseitigen Pflichten und Rechte anders bestimmt als bisher und auch der Kritik des Feminismus an der christlichen Moral sowie der Forderung der Feministischen Theologie nach einer neuen Ethik gerecht wird. Der aus der Moraltheologie hervorgegangenen christlichen Gesellschaftslehre fällt dann insbesondere die Überwindung hierarchisch-patriarchalischen Denkens in Familie, Gesellschaft und Kirche zu.

Die gegenwärtige Pastoraltheologie[3] geht bereits von einem Verständnis von Kirche aus, das nicht mehr unterscheidet zwischen einem aktiven Prinzip, wie Hierarchie, Amtsträger, Seelsorger, Sakramentenspender, und einem passiven Prinzip, wie etwa Seele, „Herde“, Kirchenvolk. Von Seelsorge wird heute in einem ganz anderen Sinn gesprochen, nämlich als einem Prozeß gegenseitiger Dienste, in den Frauen längst eingegliedert sind, und nicht mehr als eine Subjekt-Objekt-Beziehung. Frauen, jahrhundertelang Objekt von Seelsorge, also „Beseelsorgte“, sind heute ganz selbstverständlich als Seelsorgende tätig, auch in der Katholischen Kirche. In ihrer pastoralen Arbeit sind sie sogar vielfach an der Entwicklung neuer Modelle beteiligt, die erst nachträglich von der Pastoraltheologie reflektiert werden[4].

Was das Kirchenrecht betrifft, so kann man nur hoffen, daß bei der gegenwärtigen Revision des kirchlichen Gesetzbuches die in den Texten des II. Vatikanischen Konzils ausgedrückte Rechtsgleichheit der Frau als Mensch und als Glied des Volkes Gottes nicht wieder in Vergessenheit gerät. Besondere Achtsamkeit wäre zu empfehlen, damit nicht gewisse Beschränkungen inbezug auf die Frau erneut sanktioniert und als „naturrechtlich" oder aus dem „unveränderlichen Wesen" der Frau erklärt und gerechtfertigt werden, während moderne empirische Wissenschaften ganz andere Antworten bereithalten[5].

Hinzu kommt wie bei der Dogmatik die kritische Prüfung der historischen Quellen: „Eine Darstellung der Rechtslage der Frau in der Kirche kann sich allerdings nicht damit begnügen, die einzelnen Bestimmungen für die Frau im Kirchenrecht aufzuzeigen, vielmehr müssen darüber hinaus die Rechtsquellen, die zu diesen Bestimmungen geführt haben, untersucht werden; denn eine Einbeziehung dieser Grundlagen gewährleistet überhaupt erst ein sachgemäßes Urteil über Art und Umfang der notwendigen Reform der Rechtsbestimmungen für die Frau."[6]

Dieser kurze und beileibe nicht vollständige Überblick läßt schon erkennen, wie viel in der Theologie aufzuarbeiten und zu verändern ist, bis sie der Grundgegebenheit der menschlichen Existenz in zwei Geschlechtern gerecht wird. Daß dazu auch eine nicht nur Alibi-Repräsentanz von Frauen in der theologischen Forschung und Lehre gehört, ist selbstverständlich. Die Erkenntnisse, die aus den Erfahrungen von Frauen möglich sind, dürfen der Theologie nicht vorenthalten werden, und die Theologie darf sich der Mitgestaltung durch Frauen nicht versagen. Wenn die Frauenbewegung in vielen Ländern sich dafür einsetzt, daß künftig alle Wissenschaften an den Universitäten von Männern und Frauen gemeinsam getragen werden sollen, daß insbesondere bei uns die Hindernisse bei Habilitationen und Berufungen von Frauen auf Lehrstühle überwunden werden müssen, dann gilt dies alles selbstverständlich auch für die Theologie, sofern sie Universitätswissenschaft bleiben will, wie fern solche Ziele momentan auch noch liegen mögen. Feministisch-theologische Lehrstühle erscheinen von dieser Konzeption aus als Übergangslösungen, als Kontakt- und Sammelstellen für alles, was im Interesse der Frauen und so der Korrektur des Menschenbildes innerhalb der Theologie wichtig ist.

Aber noch eine zweite Überlegung ist notwendig: Was versteht man unter Feminismus, und inwieweit lässt er sich in die Theologie integrieren? In unserem alltäglichen Sprachgebrauch wird manchmal eine Unterscheidung gemacht zwischen (radikalem) Feminismus und (gemäßigter) Frauenbewegung. In etwas präziserer Sprechweise unterscheidet man heute die Positionen der feministischen Bewegung folgendermaßen: sozialliberal, sozialistisch-marxistisch und radikal-feministisch[7]. Aber das Wort Feminismus kann auch im allgemeinen Sinn als Synonym für jegliche Art von Frauenbewegung stehen[8]. Die deutsche Feministin Jutta Menschik nennt den Feminismus einen schillernden Begriff: „Er meint einerseits, daß Frauen ihre Interessen und Rechte entdecken, um sie in Forderungen umzusetzen, aber auch, daß sie das gegen die Interessen und Rechte der Männer tun.“[9] Das Schweizer „Lexikon der Frau“ von 1953 definiert den Feminismus als „die Gesamtheit aller Bestrebungen für eine Verstärkung des weiblichen Einflusses in Staat, Gesellschaft und Kultur, ausgehend von dem Grundsatz der natürlichen Gleichheit der Geschlechter.“[10] Es konnte damals nur jenen Feminismus definieren, den man heute als den konservativen bezeichnet. Lange Zeit haftete dem Wort Feminismus im Deutschen eine verächtliche Note an, bis seit dem Ende der sechziger Jahre der sogenannte neue Feminismus sich einiges Gehör zu verschaffen wußte. Heute begegnen die Worte Feminismus, Feminist(in) sowohl als Selbstbezeichnung (ich bin Feminist, Feministin) wie auch als (meist ablehnende) Fremdbezeichnung. (Wenn der Feminismus behauptet, daß …)

Wie vielfältig und konträr jedoch feministische Bestrebungen sein können, zeigt die Geschichte der verschiedenen Frauenbewegungen mit ihren gegenseitigen Auseinandersetzungen, sei es innerhalb des bürgerlichen Lagers zwischen rechts und links, sei es zwischen den sozialistischen und den bürgerlichen Frauen[11]. Ähnliches wie für den europäischen Kontinent gilt für Amerika und auch für die Kontinente mit außerchristlichen Religionen und kulturellen Traditionen. Hatte die Französische Revolution bekanntlich noch Menschenrechte als Mannesrechte interpretiert und weibliche Revolutionäre verfolgt, so ermöglichten die bürgerlichen Revolutionen des 19. Jahrhunderts die Forderung nach Gleichberechtigung der Frau in Bildung, Ausbildung, politischen und beruflichen Rechten, die trotz des Gleichberechtigungsparagraphen in den Verfassungen moderner Staaten noch keineswegs vollständig erfüllt ist, was Frauen immer wieder erfahren müssen.

So gilt die „Women's Rights branch" im zeitgenössischen Feminismus als Fortsetzung der ersten Frauenbewegung seit dem 19. Jahrhundert. Als konservativer Feminismus wird er von den anderen Zweigen der neuen Feministischen Bewegung unterschieden[12], weil hier die in der bisherigen Gesellschaft bestehenden Institutionen und Wertvorstellungen noch nicht als in sich frauenfeindlich gelten, sondern als allgemein menschlich, nur fälschlich bisher nicht von Frauen in gleicher Weise mitgestaltet wie von Männern. Deshalb wird dieser Zweig im neuen Feminismus auch als reformistisch bezeichnet, wenngleich seine Forderungen das alleinige Verfügen der Frau über ihren Körper ebenso einschließen wie Kritik an jeder Art von „feminine mystique" (Betty Friedan)[13] als Festlegung der Frau auf ein unbestimmbares Anderssein, das sie an die Familienaufgaben fesselt. Der um die Rechte der Frau besorgte Feminismus fordert die volle Teilhabe der Frau an den Aufgaben der Gesellschaft, und zwar sowohl im Sinne der Selbstverwirklichung der Frauen, als auch der sinnvollen Gestaltung des gesellschaftlichen Lebens. Größtenteils haben sich bisher die um ihre Rechte kämpfenden Frauen mit dem Phänomen der Doppelbelastung abgefunden, ohne die Rolle der Frau grundsätzlich anzuzweifeln. Fast alles, was innerhalb des Christentums an Feminismus möglich ist, wird vonseiten des neuen Feminismus diesem konservativen und reformistischen Zweig zugerechnet[14], wenngleich es in Wirklichkeit so ist, daß die Feministische Theologie gewisse Impulse auch von radikaleren Zweigen des neuen Feminismus übernimmt.

Als kämpferischer Block im neuen Feminismus gilt „Women's Liberation", die Frauenbefreiungsbewegung. Hier werden die Frauen insgesamt als unterdrückte Klasse verstanden. In einem der Manifeste dieser Bewegung heißt es:

> „Because we have lived so intimately with our oppressors in isolation from each other, we have been kept from seeing our personal suffering as a political condition ..."[15]

Shulamith Firestone vergleicht wie viele andere die strukturell bedingte Unterdrückung der Frauen durch die Männer mit dem Rassismus[16]. Massiver Protest gegen Vermarktung des weiblichen Körpers verbindet sich in der Frauenbefreiungsbewegung mit Angriffen gegen das kapitalistische System, obwohl die einzelnen Gruppen dieser Bewegung zur politischen Revolution wie zum Marxismus sehr verschieden eingestellt sind[17]. Am wichtigsten ist jedoch die radikale Kritik an dem von der Psychoanalyse entworfenen Bild der Frau[18] und damit verbunden die Bemühung, das weibliche Selbstbewußtsein zu heben (consciousness raising)[19], um ein politisches Zusammengehörigkeitsgefühl (sisterhood) und eine autonome Handlungsfähigkeit aller Frauen zu erreichen. Sich in seinem Leben als Frau nicht mehr vom Mann bestimmen zu lassen, ist die Absicht der Frauenbefreiungsbewegung im neuen Feminismus. Ein großer Teil ihrer Vertreterinnen geht so weit, Ehe und Kernfamilie abzulehnen, weil man an die Möglichkeit einer partnerschaftlichen Ehe nicht glauben kann, sondern die Institution Ehe als patriarchalisches Machtmittel versteht. Viele Anhängerinnen der Frauenbewegung sind für eine zeitweilige oder ständige Trennung vom Mann, um eine eigene Gegenkultur aufzubauen, deren Werte und Maßstäbe nicht mehr vom Mann bestimmt sind[20]. In diesem Zusammenhang taucht auch das Modell einer technologischen Lösung der Fortpflanzungsfrage auf[21], die jedoch nur eine geringe Zahl an Vertreterinnen findet. Es wäre übertrieben zu sagen, daß Männerhaß und Lesbianismus die bestimmenden Kräfte des Women's Liberation Movement sind. Letzterer wird auch nicht im traditionellen engeren Sinne verstanden, sondern als „ein ganzes System von Weltanschauung und Lebenshaltung, sich vollständig und lebenslang einem Leben mit Frauen zu widmen."[22] Nach Jutta Menschik empfindet jedoch „die überwältigende Mehrheit der Feministinnen ... Lesbianismus nicht als zentralen Punkt der Frauenbewegung."[23] Entscheidend ist vielmehr der Angriff auf die herkömmlichen Rollenstereotypen, die von den Frauen nicht mehr akzeptiert werden.

Trotz vielfältiger Überschneidungen kann man von einer dritten Art des neuen Feminismus sprechen, der sich einem Verständnis des Menschen zuwendet, in dem die bisher als männlich bzw. als weiblich verstandenen Eigenschaften von allen Individuen zu integrieren versucht werden, so daß man von dem „androgynen Modell" spricht. Auch diese Ausprägung der Frauenbewegung bekämpft Rollenstereotypen und sucht nach freien Formen der Zusammenarbeit beider Geschlechter[24]. Androgynie will den Austausch und die Versöhnung zwischen Männern und Frauen auf der privaten wie öffentlichen Ebene fördern. Vorurteile wie: „eine vermännlichte Frau" oder: „ein verweiblichter Mann", wenn die Frau auch ihre rationalen und der Mann auch seine emotionalen Kräfte entfaltet, sollen durch das Leitbild eines integrierten Menschseins der Frau wie des

Mannes überwunden werden. In der Forderung, die Hälfte aller politischen und beruflich bedeutenden Positionen den Frauen zu reservieren, ähnelt dieser Zweig des neuen Feminismus der heutigen Frauenrechtsbewegung. Eine revidierte Konzeption der Psychologie der Frau, die sich zu ihrer Eigenständigkeit bekennen kann, sich also vor beruflichem Erfolg nicht zu fürchten braucht, weil der Mann darauf nicht mehr ablehnend reagiert, ist das besondere Arbeitsfeld der androgynen Richtung[25]. Sie hält zumeist die Ehe für androgyn formbar, aber plädiert auch für die Anerkennung anderer Formen des Zusammenlebens. Gleiche Verpflichtung der Elternteile zur Haushaltsführung und Versorgung der Kinder gilt als selbstverständlich.

Nach diesem sporadischen Überblick heutiger feministischer Richtungen wird deutlich, wie sehr einerseits die Feministische Theologie seit dem Ende der sechziger Jahre vom Feminismus herausgefordert ist und wie sehr man andererseits selektiv vorgehen muß, um Feminismus in eine christliche Theologie zu integrieren. Auch weil die radikaleren Zweige des Feminismus im Christentum das Musterbeispiel einer patriarchalischen Religion erblicken, in welcher die Eigenständigkeit der Frau im Keime erstickt wird, ist an eine annähernde Deckungsgleichheit von Feminismus und christlicher Theologie kaum zu denken.

Zwar stimmt es, daß die Frauenrechtsbewegung alter und neuer Prägung die meisten Inspirationen für einen innerkirchlichen Feminismus geliefert hat. Aber nicht alle von dieser Bewegung gesteckten Ziele sind von gleichem Interesse in der Feministischen Theologie, soweit sie sich als kirchlich versteht[26].

Von der Frauenbefreiungsbewegung sind es vor allem die Haltung der Schwesterlichkeit, die berechtigte Kritik an Psychoanalyse und Psychologie, die Frage nach der sozialen Position der Frauen aller Schichten und das Bestreben nach Hebung des weiblichen Selbstbewußtseins, was von der Feministischen Theologie aufgegriffen wurde. Selbst der Auszug aus der Männerwelt, den die radikaleren Mitglieder der Frauenbefreiungsbewegung praktizieren, findet eine gewisse Spiegelung in der Feministischen Theologie, sofern diese gegenüber einer (inbezug auf die Leitungsfunktionen) reinen „Männerkirche“ ihren Protest anmeldet[27].

Auch das androgyne Modell für das gesellschaftliche Leben hat theologisch Anerkennung gefunden, indem vor allem die Berechtigung der Berufstätigkeit von verheirateten wie unverheirateten Frauen verteidigt wird. Es wächst innerhalb der Theologie die Kraft der Argumente für eine Aufhebung der auf die biologischen Geschlechter fixierten Polaritäten und Funktionen.

Aber was soeben als von der Feministischen Theologie aufgegriffene Anregungen aus dem neuen Feminismus angeführt wurde, ist doch nicht so neu oder revolutionär, wie es auf den ersten Blick wirken könnte. Denn das im Zusammenhang mit dem Konzil erschienene Schrifttum über die Frau hatte bereits manches antizipiert. Nur waren die Veröffentlichungen zur Anthropologie der Geschlechter und zur Stellung der Frau in Familie, Gesellschaft und Kirche aus den früheren und mittleren sechziger Jahren bei aller Kritik am Bestehenden größtenteils von einer hoffnungsvollen Stimmung getragen. Man trat bereits dafür ein, daß die „Fruchtbarkeit“ einer Ehe nicht nur an der Kinderzahl gemessen werden darf[28], daß das Menschsein der Frau ein eigenständiges ist und nicht – wie die lange Tradition des Aristotelismus in der christlichen Theologie nahelegt – vom Menschsein des Mannes abgeleitet[29]. Außer bei der Frage der Ordinierbarkeit der Frau[30] wurde Polemik vermieden. Wir setzten unsere Hoffnung auf die Entwicklung einer wirklichen Partnerschaft zwischen Mann und Frau in allen Lebensbereichen, zu welcher die von der historisch-kritischen Exegese ermöglichte Neuentdeckung des biblischen Menschenbildes den Anlaß gab:

„Man darf – bei allem Wissen um die Unzulänglichkeit menschlichen Handelns in der Geschichte – in diesem Menschenbild dennoch alles eingeschlossen sehen, was uns heute bewegt: eine tiefgreifende, allgemein menschliche Partnerschaft von Mann und Frau – nicht Kampf, Neid und Wettstreit der Geschlechter; die Fähigkeit zur Begegnung und Gemeinschaft, die desto menschlicher wird, je mehr der Mann wie die Frau in sich selbst gegründet sind – nicht Verfallensein des einen an den anderen; eine gesunde Entfaltung der in der Menschheit gelegenen Kräfte, sowohl aus der männlichen wie aus der weiblichen Existenzform – nicht anonymer Beitrag der Frau zu den Schöpfungen des Mannes; schließlich keine falschen Beschränkungen der Frau in bezug auf Bildung und öffentliche Tätigkeit.“[31]

Die von Papst Johannes XXIII. begrüßten Zeichen der Zeit – eines davon die Entfaltung der Kräfte der Frau auch im gesellschaftlichen und kirchlichen Leben[32] – schienen allgemein verstanden zu werden.

Inzwischen nimmt man jedoch andere, betrübliche Zeichen wahr, welche die Zeit prägen. Die politische und ökologische Situation der siebziger Jahre veranlaßte nicht nur den Feminismus, sondern auch die Feministische Theologie dazu, das Heil nicht von männlichen Politikern und Wirtschaftsstrategen zu erwarten, sondern davon, ob es gelingen wird, die weiblichen Kräfte nicht weiterhin auf den Privatbereich oder allenfalls fürsorgende Berufe abzudrängen, sondern ihnen in der gesamten Öffentlichkeit zur Wirksamkeit zu verhelfen. Das bedeutet nicht etwa, Frauen an die Stelle von Männern zu setzen und ein neues Matriarchat anzustreben, sondern bei voller Zusammenarbeit von Männern und Frauen die sogenannte männliche Aggressivität und Leistungsorientierung zurückzunehmen, so daß gemeinschaftsbildende, aber auch versöhnende und verzichtswillige Kräfte, wie man sie früher den Frauen zuschrieb, sich auswirken können.

Darüber hinaus aber versteht sich die Feministische Theologie auch als eine Reaktion auf jüngste theologische Entwicklungen. Sie glaubt, daß die „Gott-ist-tot“- und die Säkularisierungs-Theologie ein Vakuum hinterlassen haben. „Western male theologians ... still could not replace the death of God with anything more spiritually satisfying.“[33] Die Feministische Theologie verbindet mit diesem

Vorwurf das Versprechen, die „männliche" Abstraktheit, die Entfremdung durch die technisierte Umwelt und Sprache zu überwinden durch eine ganzheitliche und menschlich erfüllende Spiritualität.

Christlicher Feminismus schließt aber, wie offen gesagt wird[34], nicht nur die Möglichkeit des „Exodus" aus einer von Männern bestimmten Kirche, sondern auch die Trennung von jeglicher institutionalisierten Kirchlichkeit ein, sei es, daß man glaubt, um dem Evangelium treu zu bleiben, die Kirche verlassen zu müssen, oder daß man die jüdisch-christliche Überlieferung als ganze aufgeben zu müssen meint. Trotz dieser Gefahren geht die Feministische Theologie von der Möglichkeit einer radikalen Veränderung in den verschiedenen christlichen Denominationen aus, bei der die Frauen überkonfessionell zusammenarbeiten müssen. Dies schließt ein, daß die Feministische Theologie ökumenisch arbeitet und auch für den Kontakt mit anderen Religionen offen ist. Sie beschränkt sich nirgendwo auf die innerkirchlichen Frauenprobleme, sondern versucht, über die individuelle Sphäre hinaus das Gewissen zu schärfen für die Verantwortlichkeit innerhalb der sozialen Gruppe oder Schicht, in der man lebt, im Verhältnis zu anderen gesellschaftlichen Gruppierungen. Dies alles hat die Holländerin Maria de Groot in folgender Definition zu erfassen versucht: „Feministische Theologie ist das erfahrende, fühlende und denkende Beschäftigtsein von Frauen mit den Fragen, die Gott und Mensch und ihre Beziehung untereinander betreffen."[35] Hinzuzufügen bleibt nur, daß man diesem Beschäftigtsein von Frauen in der gesamten christlichen Geschichte aufs neue nachgehen muß.

Die Feministische Theologie als soziale Bewegung und als Erforschung der Geschichte der Frau im Christentum ist zu einer Spannungseinheit geworden. Erfreulicherweise läßt sich feststellen, daß ernsthaftes wissenschaftliches Forschen zunimmt, wenngleich Bedenken gegenüber einer Akademisierung geäußert werden, die der Feministischen Theologie als sozialer Bewegung den Elan nehmen könnte.

Aber die Frauenforschung in der Theologie bringt andererseits so viel wertvolles Material zutage, aus dem Impulse für das Leben hervorgehen, daß immer mehr eingesehen wird, wie wenig darauf verzichtet werden kann.

Wenn man von Feministischer Theologie im Rahmen der verschiedenen Befreiungsbewegungen des amerikanischen Kontinents auch erst seit den späteren sechziger Jahren sprechen kann, so gibt es sie im Sinne der Frauenforschung und Befreiung aus überlebten wie verfälschten Traditionen schon früher, vor allem seit der vorkonziliaren Zeit. Damals sprach man zwar mehr von „Theologie der Frau" oder theologischer Anthropologie der Geschlechter, aber da von amerikanischer Seite der Ausdruck „Theologie der Frau" (willkürlich) auf eine Theologie im Sinne von Gertrud von le Forts Buch „Die ewige Frau" eingeschränkt und alle für die Frau befreiende Theologie als feministisch bezeichnet wurde, auch wenn sie schon aus früheren Jahrhunderten stammt, ist diese Entwicklung nicht mehr rückgängig zu machen[36].

## 2. KAPITEL

# Die religionsgeschichtliche und psychologische Herausforderung durch den Feminismus

Ein besonders empfindlicher Berührungspunkt zwischen Feminismus und Theologie hat sich durch die Frauenforschung auf dem Gebiet der Religionsgeschichte sowie der Kulturanthropologie ergeben. Dies ist auch der Punkt, wo das Abwandern feministischer Theologinnen in den nicht mehr christlich bestimmten Feminismus greifbar wird.

Nachdem schon die Jungsche Richtung sich von der psychologischen Seite her mit großem Interesse den weiblichen Gottesvorstellungen der praehistorischen Zeit zugewandt hatte[1], griff die feministische Forschung mit Vehemenz diese Thematik auf, um aus den religiösen Vorstellungen soziokulturelle Folgerungen abzuleiten. Frauenfreundliche Mythologien aus ältester Zeit werden neu interpretiert, und zwar mit dem Ziel, der Gegenwart ein „utopisches Licht" aufzustecken. „Wenn wir dies im Gedächtnis behalten, so wird der Identifikationsprozeß keine naive Regression ins Archaikum sein, denn nach der langen patriarchalen Epoche ist es nicht mehr möglich, ein archaisches Matriarchat wiederzuerrichten – weder in uns noch außer uns."[2] Im vollen Bewußtsein der Umstrittenheit des Themas „Matriarchat" unter den Ethnologen[3] spricht die feministische Forschung ganz selbstverständlich von den in den Mythologien gespiegelten matriarchalen oder matrilinearen Gesellschaften, denen gegenüber der bis dato währenden 3000jährigen Herrschaft des Patriarchats eine Dauer von wenigstens 4000 Jahren zukommt. Das Interesse ist bei diesen Forschungen sowohl religionsgeschichtlich als auch sozialhistorisch orientiert, wobei psychoanalytische Deutungen im Sinne der Jungschen Archetypenlehre meist als unprüfbar abgelehnt werden[4]. Man beschäftigt sich vor allem mit den alten Kulturen des Mittelmeerraums und studiert hier die Veränderung von der Mythologie der großen Göttin (in ihren verschiedenen Variationen) zur Mythologie des Vatergottes im Zusammenhang mit dem sozialen Wandel von einer – wie auch immer beschaffenen – Vorrangstellung der Frau zum späteren Patriarchat.

Als mythologische Zwischenstufen, die diesen sozialen Wandel ankündigen, werden namhaft gemacht: die Zuordnung der (ursprünglich eigenständigen) Muttergöttin zu einem Vatergott und allmähliche Unterordnung unter ihn bzw. unter den Sohn, die Umwandlung einer Göttin in einen Gott, der Mord an der Muttergöttin u. ä.[5] Aber auch Begegnung mit fremden Völkern wird unter die Ursachen der Mythenveränderung gerechnet, so z. B. die Einführung eines männlichen Gottesbildes in die Mittelmeerwelt durch kriegerische indogermanische Stämme. Merlin Stone schreibt dem Kontakt zwischen den indogermanischen Hethitern und den Hebräern entscheidende Bedeutung für die alttestamentliche Gottesvorstellung zu[6]. Von der im archaischen Mittelmeerraum bezeugten Verehrung der Göttin in dreifacher Gestalt, als Mädchen, als Mutter und als Greisin, zieht man sogar Verbindungslinien bis zur christlichen Trinitätsvorstellung[7].

Vielfach begegnet im feministischen Schrifttum der Name Bachofen, einerseits wegen seiner Beschreibung matriarchaler Kulturen dankbar begrüßt, andererseits aufgrund seiner Geschichtsanschauung scharf abgelehnt[8]. In der Tat ist für Bachofen das Mutterrecht „das Gesetz des stofflich – leiblichen, nicht des geistigen höheren Lebens."[9] Es ist eine ältere Kulturstufe, die von einer jüngeren, vollendeteren abgelöst wurde und, wenn sie sich gegen diese wiederum durchzusetzen versucht, nur dekadente Erscheinungen hervorbringen kann. Entwicklung zum Patriarchat ist für Bachofen Fortschritt, der nicht wieder verscherzt werden darf: „Die dauernde Sicherstellung der Paternität verdankt die Menschheit der römischen Staatsidee."[10]

Bachofen ist also nicht willens, die evolutionäre Sicht der Geschichte weiterzuführen im Hinblick auf einen möglichen Ausgleich beider Prinzipien. Das Patriarchat ist für ihn ein endgültiger Zustand. Insofern setzt sich der Feminismus von ihm ab. Er verdankt ihm aber dennoch ein methodisches Prinzip: die Mythologie zur Grundlage soziokultureller und sozialhistorischer Forschung zu machen.

Aus dem neu zutage geförderten bzw. neu interpretierten Wissen über weibliche Gottesvorstellungen und deren Entsprechungen in der menschlichen Gesellschaft werden nun von radikal feministischer Seite ganz bestimmte Konsequenzen für das Thema „Frau und Religion“ gezogen. Naomi R. Goldenberg kritisiert als eine Vertreterin dieser Richtung in ihrem Buch „Changing of the Gods“[11] die Werke feministischer Theologinnen wie Rosemary Radford Ruether, Letty Russell u. a. als revisionistisch und läßt nur die sich nicht mehr als solche verstehende Mary Daly gelten. Nach diesem feministischen Ansatz steht fest, daß mit der vollen Integration von Frauen in die (christliche) Religion diese selbst sich ändern wird. „How could women represent a male god? ... We women are going to bring an end to God.“[12] Für Naomi Goldenberg verrät gerade die päpstliche Erklärung von 1977 gegen die Zulassung der Frau zu den klerikalen Weihen ein tiefes Wissen Pauls VI. über die Wirkung von Bildern und Symbolen im menschlichen Geist. Sie sieht den Grund für die ablehnende Haltung des Papstes in seiner richtigen Erkenntnis, daß eine Veränderung im Geschlecht der Priester als Repräsentanten Gottes „would be changing the nature of God Himself.“[13] Wie der Ausschluß der Frau vom katholischen Priestertum nach dieser Konzeption Ausschluß von der Gottbildlichkeit besagt, so bringt auch der Einbruch der Frauen in die religiöse Welt eine Veränderung des Gottesbildes mit sich, die für notwendig gehalten wird. So kommt es von feministischer Seite zur scharfen Ablehnung von „Jahwe“ und Christus, da solche maskulinen Vorstellungen und Gestalten unfähig seien, die Befreiung der Frau zu symbolisieren[14].

Aber auch die christliche Mariengestalt wird als Symbol für die Befreiung der Frau nicht anerkannt. Maria gilt für den Feminismus als die patriarchalisch entstellte Nachfolgerin der großen archaischen Göttinnen und insofern als ambivalent. Zwar nimmt sie, wie in ihren Titeln deutlich erkennbar, die Stelle der früheren „jungfräulichen“[15] Muttergottheiten ein, sie teilt auch das Schicksal der Göttinnen der Übergangszeit, sofern sie von ihrem Sohn überstrahlt wird, aber sie ist nach diesem Denken von einem geschlechtsfeindlichen Christentum ihrer „natural womanhood“ beraubt und zum gehorsamen Werkzeug des Vatergottes gemacht worden[16]. Befreiende Kraft kann in der Tat bei einer solchen Interpretation von der Mariengestalt nicht ausgehen.

Dieser feministischen Richtung gerät nach Absetzung von der jüdisch-christlichen Tradition die Theologie unter den Händen zur Psychologie, und aus Religion wird Pflege und Auferbauung des weiblichen Bewußtseins, wobei die Anerkennung einer extramentalen Realität des Göttlichen dahingestellt bleibt. Die Eliminierung des Vatergottes gilt als strenge Notwendigkeit, und die auf dem jetzigen Stadium nicht zu bestreitende intramentale Existenz von Gottvater, Christus oder anderen männlichen Autoritätssymbolen wird nur noch als eine Frage der Zeit angesehen. Es besteht die Erwartung, daß jede echte Feministin aus dem Christentum herauswächst und sich mit revisionistischen Rettungsversuchen von biblischen oder liturgischen Texten nicht weiter aufhält. Spott ergießt sich über eine Feministische Theologie, die vorgegebene christliche Traditionen zu bearbeiten versucht, um den vergessenen Frauen zu Worte zu verhelfen. Weil Judentum und Christentum den Frauen keine Gelegenheit gaben, sich selbst als „göttlich“ zu erfahren, pflegt man eine neue Art von women's spirituality, in der Frauen ihren Zorn und ihre Verbitterung darüber zum Ausdruck bringen können, daß nach ihrer Meinung durch die einseitige Verehrung eines männlichen Gottes das weibliche Bewußtsein verkrüppelt worden ist. Sie tun es in zahlreichen Gruppen, in denen – analog zur Stärkung des Bewußtseins der Schwarzen mit slogans wie „Black is beautiful" – das Weiblichsein gefeiert wird: „Being female is divine." Es sind die zahlreichen Gruppen, die unter dem Stichwort „Zauberkraft" (witchcraft) die Dynamik der weiblichen Psyche neu zu erfahren und zu entfalten versuchen, wobei ihnen die „Göttin" im eigenen Selbst als Muse dient. Jede Unterscheidung zwischen Mythologie und Geschichte wird bedeutungslos, wenn man in Anknüpfung an Archaismen versucht, sich von internalisierten männlichen Werten zu befreien. Man braucht dazu nur Bilder, nach denen die eigene Persönlichkeit sich zur Unabhängigkeit entwickeln kann. Nicht Theo-, sondern Thealogie nennt sich diese Pflege des weiblichen Bewußtseins unter dem Symbol der Göttin. Deren Transformierung ins Psychologisch – Mythologische ist nicht nur an der sympathisierenden Identifikation mit den als Hexen verfolgten Frauen vergangener Jahrhunderte zu erkennen, wenn diese Frauengruppen sich selbst als Hexen (witches) bezeichnen, sondern auch an der bewußten Aufhebung eines linearen Zeitverständnisses zugunsten zyklischer Spiralen, wodurch man der mythologischen Urzeit wieder nahezukommen versucht.

Wie antwortet nun die Feministische Theologie auf derartige Herausforderungen? Die einen, indem sie der Ankündigung des Feminismus, daß echte Feministinnen aus der jüdisch-christlichen Tradition „herauswachsen" würden, Folge leisten, die anderen durch eine nicht mehr patriarchalische Bibelerklärung, aber auch, indem sie patriarchalische Verfälschungen der christlichen Überlieferung schonungslos offenlegen und auf verborgene oder vergessene Traditionen hinweisen, die anders sind. Davon wird im nächsten Kapitel die Rede sein.

Für die erstgenannte Gruppe steht das Schicksal der anfangs so engagiert in der Katholischen Kirche arbeitenden Mary Daly, deren erstes Buch zum Frauenthema „The Church and the Second Sex" (1968) an einer innerkirchlichen Existenzmöglichkeit für die Frau noch nicht verzweifelt, auch wenn schon hier die Kritik an der männlichen Gottesvorstellung artikuliert wird[17]. In ihrem zweiten Buch „Beyond God the Father: toward a Philosophy of Women's Liberation" von 1973[18] steht sie jenseits aller Kirchlichkeit oder allenfalls noch am Rande der Institutionen und hält ein nicht-sexistisches Christentum kaum mehr für möglich. Das Wort Gott repräsentiert für sie auf dieser Stufe „die Nekrophilie des Patriarchats", während umgekehrt das Wort Göttin „das Leben-liebende Sein der Frauen und der Natur bestätigt."[19] Das Buch ist geschrieben, um der Identifizierung von Frauen mit patriarchalischen Institutionen entgegenzuwirken und einer männlichen Interessen dienenden moralischen Indoktrination beider Geschlechter den Boden zu entziehen. Eine große Begabung für ironisch sarkastische Wortspiele und die starke fiktionale Kraft der Autorin lassen vieles in der Schwebe einer neuen Bildersprache, die zwar radikal und scharfzüngig ist, sich aber akademischer Methodengebundenheit und begrifflicher Festlegung des Gesagten entzieht. Die für sie unglaubwürdig gewordenen religiösen Symbole mit Hilfe einer gewandelten Gemeinschaftserfahrung durch neue zu ersetzen, ja sogar die kollektive Phantasie zu verändern, traut Mary Daly einem freigesprengten Frauenbewußtsein ohne weiteres zu. Dies geschieht jedoch nach ihrer Konzeption nicht ohne Gewalt. Es bedarf des „Ikonoklasmus"[20], des Bildersturzes, um „verinnerlichte Vorstellungen von männlicher Überlegenheit" zu vertreiben[21]. Daß Mary Daly dabei nicht an einen von der Männerwelt abgesonderten Feminismus denkt, sondern an eine Entfaltung der Frauenkräfte im Dienste der Befreiung der Menschheit, zeigt ihre Vorstellung von einer durch das entmündigte Geschlecht zu verwirklichenden Eschatologie. An den Marxismus knüpft sie jedoch keine Erwartungen, weil er nach ihrer Meinung das patriarchalische System nicht ernsthaft infrage stellt. Mit dem Atheismus eines Ernst Bloch oder Roger Garaudy dagegen identifiziert sie sich insofern, als dieser „die Abschaffung der verdinglichten Gottesprojektion und deren Verwendung zur Rechtfertigung von Ausbeutung und Unterdrückung bedeutet"[22].

In bewußter Anlehnung an die Mystik des christlichen Mittelalters möchte Mary Daly eine neue „via negativa" empfehlen, indem sie Frauen dazu führt, die androzentrische Gottesvorstellung und Redeweise von Gott als unzulänglich zu erfahren, damit sie erkennen: So ist Gott nicht. Dementsprechend sieht sie analog zur alten „via positiva", die aus kreatürlichen Vollkommenheiten auf die noch ganz andere Vollkommenheit Gottes schloß, in der aktiven Selbstbejahung von Frauen den Ausgangspunkt einer neuen Theophanie[23].

Zu dieser „Entfaltung Gottes" in einer mehr und mehr zu sich selbst kommenden Menschheit steht jedoch für Mary Daly die sogenannte jüdisch-christliche Mythologie quer. Denn wie sie z. B. an der Wirkungsgeschichte der Adam-und-Eva-Erzählung zu erkennen glaubt, dient diese zu nichts anderem als zur „Projektion der Schuld auf die Frauen", worin sie den „Sündenfall des Patriarchats" erblickt. „Mit eingeschlossen in diese gigantische falsche Benennung des Bösen ist die falsche Benennung von Frauen, Männern und Gott"[24]. Die Veränderung des Bewußtseins der Frauen in einem jahrhundertelangen Patriarchat zeichnet sie folgendermaßen nach: „Da das Urteil der Männer umgestaltet wird zu Gottes Urteil, ist es die religiöse Pflicht der Frauen, die Last der Schuld auf sich zu nehmen und sich selbst mit männlichen, chauvinistischen Augen zu sehen."[25] Dies ist für Mary Daly die Ursache eines weit verbreiteten weiblichen Antifeminismus. Sie ruft nach einem gemeinschaftlichen erlösenden Handeln der Frauen, das nur darin bestehen kann, daß Frauen sich nicht für Alibipositionen innerhalb der Ziele des Patriarchats hergeben, und daß sie erst dann mit Männern zusammenarbeiten, wenn sie unter sich eine Willensbildung zustande gebracht haben. Nur so glaubt Mary Daly an eine Möglichkeit, das „geschlechtsspezifische Kastenwesen" zu überwinden, zu dessen Rechtfertigung nach ihrer Meinung die christliche Tradition gedient hat. Vom Zusichselbstkommen der Frauen erhofft sie so etwas wie eine Neue Schöpfung.

Zur Ablehnung der jüdisch-christlichen „Mythologie" gehört auch die Überwindung der „Christolatrie", denn „daß ... ein männliches Symbol ausschließlich oder angemessen als Träger des Neuen Seins fungieren kann"[26], hält sie für ausgeschlossen. Hier zeigt sich auch die negative Einstellung zu Tradition und Geschichte am deutlichsten. Mary Daly spricht der Vergangenheit jegliches Recht ab, uns mit Beschlag zu belegen, und entscheidet sich für die Priorität der eigenen Erfahrung. Eine orientierende oder gar rechtfertigende Kraft der Vergangenheit für die Gegenwart erkennt sie nicht an, obwohl sie in dieser Schrift noch nicht ganz ausschließt, daß das Lesen des Evangeliums (ebenso wie anderer Literatur) befreiend auf Frauen wirken kann. Jedoch sieht sie das Christusdogma wegen des Gedankens der stellvertretenden Sühne als besonders gefährlich für Frauen an, weil diese, von einer rituellen Identifizierung mit dem sich Opfernden (als Priester) ausgeschlossen, sich umso mehr in der Nacheiferung mit ihm identifizieren und daher durch das Sündenbock-Syndrom geschädigt werden können.

Die in männlichen Händen befindliche Heilsvermittlung, sei es als Erlöser oder als Priester, durch die Mariengestalt zu kompensieren, ist für Mary Daly jedoch ebenso suspekt. Sie glaubt, daß die Unnachahmbarkeit einer unbefleckt empfangenen, jungfräulichen Gottesgebärerin die Männer zu allen Zeiten dazu verleitet habe, das Gros der Frauen nicht mit Maria, sondern mit Eva zu identifizieren. Trotz der Spuren des uralten Bildes einer Muttergottheit in der Mariengestalt den „gottähnlichen Status Mariens" abgeleugnet und so den Frauen ein befreiendes Identifikationsmodell vorenthalten zu haben, wird dem römischen Katholizismus besonders zur Last gelegt. Der Symbolgehalt der Jungfräulichkeit, nämlich die weibliche Unabhängigkeit, die Tatsache, als Frau nicht durch einen Mann definiert zu sein, ist nach Mary Daly verscherzt worden, da diese Züge am Marienbild einem männlichen Erlöser und einem männlichen Gott dienstbar gemacht worden sind. Das Mariendogma ist als Befreiungssymbol nach diesem Denken also nur akzeptabel ohne seine Hinordnung auf die Christologie. „Aus dem Zusammenhang der Christolatrie befreit, sagt es aus, daß die Frau, wenn sie als frei von der ‚Erbsünde' betrachtet wird, nicht durch den Mann ‚erlöst' zu werden braucht. Das Symbol kann dann als Eindringling in das sexistische Territorium aufgefaßt werden, als unerkannter Vorbote des Neuen Seins."[27]

Den Versuch von Frauen, gleichzeitig Feministinnen und Christinnen zu sein, hält Mary Daly für gescheitert, benutzt aber weiterhin umgemünzte christliche Bilder, um die von ihr gemeinte Eschatologie zu illustrieren. So sind für sie der „Antichrist und das Zweite Kommen der Frauen" synonym. „Das Zweite Kommen ist nicht eine Rückkehr Christi, sondern die Wiederkunft einer weiblichen Seinsform, die einmal stark und mächtig war, seit den Anfängen des Patriarchats aber in Ketten gelegt worden ist."[28] In die Entwicklung der Frauen zum vollen Menschsein wird geradezu eine messianische Hoffnung gesetzt, die nicht weniger erwartet, als den bisherigen „verhängnisvollen Verlauf menschlicher Evolution" ins Heilvolle zu verändern[29]. Mary Daly meint auf dieser Stufe ihres Denkens mit dem Zweiten Kommen nicht so etwas wie ein neues Matriarchat, sondern die durch Überwindung geschlechtsspezifischer Stereotypen möglich gewordene psychische Androgynie, also eine Befreiung der gesamten Menschheit zu den bisher als sekundär und privat, weil weiblich, abqualifizierten Eigenschaften wie Rezeptivität, Emotionalität etc. Von der psychischen Androgynie insbesondere der Frauen wird eine Haltung gefordert, „deren erstes Anliegen es nicht ist, andern zur Geburt zu verhelfen, sondern sich selbst."[30]

Mit ihrer Utopie von der alle Frauen verbindenden Schwesterlichkeit als Antikirche will Mary Daly einem Christentum den Rücken kehren, in welchem „Männer immer unter Gebet und Segen in den Krieg gezogen sind."[31] Sie hält die Anbetung des „Jahwe des Patriarchats" für verantwortlich dafür, daß man in christlichen Gesellschaften Gewalttätigkeit als vernünftig ansieht und daß man durch den Sozialisationsprozeß in seiner Kritikfähigkeit gegenüber jeglicher Vergewaltigung der Wirklichkeit behindert wird. Die Antikirche feministischer Schwesterlichkeit soll nach ihrer Meinung jene Aufgabe erfüllen, welche die Kirche wegen ihres Sexismus nicht wahrnehmen konnte. „Solange ‚Liebe' dem einen Geschlecht zugeteilt wird und Macht dem anderen, kann die ontologische Einheit von Liebe, Macht und Gerechtigkeit ... nicht verwirklicht werden."[32] Mary Daly schwingt sich zu einer Art neuem Sonnengesang auf, wenn sie inbezug auf Erde, Luft, Feuer und Wasser sowohl Frauen wie Männern die „große Verweigerung der Vergewaltigungsmentalität" empfiehlt, wenn sie in ihren Bund der Schwesterlichkeit auch „unsere Schwester, die Erde", Mond und Sonne, „die Planeten und die fernsten Sterne der Milchstraßen" mit einbezieht. „Denn da sie sind, sind sie unsere Schwestern in der Gemeinschaft des Seins."[33]

Es soll an dieser Stelle nicht über eine aus der kirchlich gebundenen Feministischen Theologie in den religiösen Feminismus abgewanderte Frau geurteilt werden. Sicher können ihre Gedanken auch einer am Christusglauben festhaltenden Feministischen Theologie manches Licht aufstekken. Umgedeutete christliche Ideen wie „Neue Schöpfung", „Neues Sein" und die positive Wertung von „Anti-Christ" und „Anti-Kirche" spiegeln die große Enttäuschung der Erwartungen wider, die Mary Daly einst an christliche Kirchlichkeit stellte und jetzt in anderen Händen besser aufgehoben glaubt. Jedenfalls findet bei ihr die aus religionsgeschichtlichen und mythologischen Erwägungen inspirierte religiöse Phantasie des Feminismus eine philosophische Ausgestaltung, mit der sich diskutieren läßt, auch wenn man sich nicht entschließt, ihr in den entscheidenden Punkten zu folgen.[34]

## 3. KAPITEL

# Auf dem Weg zu einer nicht mehr patriarchalischen Exegese und Bibeltheologie

Seit Beginn der sechziger Jahre zeichnen sich veränderte Einstellungen zu den biblischen Aussagen über Mann und Frau deutlich ab, die über den akademischen Bereich hinaus wirken.

Aufgrund der neuen exegetischen Methoden werden die biblischen Schriften vom Antifeminismus weitgehend freigesprochen bzw. die restriktiven Stellen in der Spätschicht des Neuen Testamentes als heute nicht verpflichtend erkannt, und die patriarchalische Bibelauslegung wird bekämpft[1].

Um 1960 machte sich die erste Generation weiblicher Theologen in der Forschung bemerkbar. An den biblischen Aussagen über Mann und Frau in besonderer Weise interessiert, konnte bei ihnen die Betroffenheit nicht ausbleiben über die Kluft zwischen dem im täglichen – gesellschaftlichen wie kirchlichen – Leben begegnenden leichtfertigen Umgang mit solchen Bibelstellen, die zur Fernhaltung von Frauen aus verantwortlichen Positionen mißbraucht wurden, und dem tatsächlichen Gehalt dieser Stellen in ihrem biblischen Kontext. So arbeiteten diese Theologinnen im Verein mit den ebenfalls um die Korrektur des christlichen Menschenbildes besorgten Theologen intensiv an einer Veränderung des Vorstellungsbildes von der Frau.

Befreiend wirkte in dieser Zeit vor allem die Zusammenschau der beiden ersten Kapitel des Buches Genesis im Alten Testament, wo es um die Erschaffung des Menschen als Mann und Frau geht. Während alle unsachgemäßen Diskriminierungen in sprichwörtlichen Bibelzitaten aus dem 2. und 3. Kapitel der Genesis, der Adam-und-Eva-Erzählung, ihr Material bezogen hatten, entdeckte man nun die große Offenheit besonders des ersten Genesiskapitels und seine Beziehung zur gegenwärtigen gesellschaftlichen Veränderung, die dadurch nicht, wie man lange genug hatte hören müssen, als „unchristlich", sondern geradezu als bibelgemäß erschien. Wenn das erste Kapitel der Genesis von einer in der Geschlechterdifferenz erschaffenen Menschheit spricht, die einen bestimmten Auftrag erhält, dann konnte man dabei die lange übersehene Wahrheit nicht mehr ignorieren, daß an dessen zweitem Teil, nämlich „die Natur zu erforschen und sie sich dienstbar zu machen, ... die Frau genau so beteiligt (ist) wie an der Fortpflanzung." (Anna Paulsen, 1960)[2] „Was man immer als Schöpfungsauftrag bezeichnet, enthält ein Doppeltes: Sorge für die Generation und für die Weltgestaltung. Beides ist Mann und Frau gemeinsam anvertraut worden." (Elisabeth Gössmann, 1964)[3]

Aber auch der sogenannte zweite Schöpfungs„bericht", die Adam-und-Eva-Erzählung, las sich nun plötzlich anders im Lichte des später verfaßten, aus einer anderen Quelle stammenden und vom Kompilator der Genesis absichtsvoll an den Anfang gestellten Textes von Kapitel 1. Im Anschluß an die alttestamentliche Exegese machte man sich klar, daß die nach Gen 2,21 ff zweiterschaffene Frau eben nicht die zweitrangige und untergeordnete, sondern – wie die Tierszene in dieser Erzählung zeigt – das ebenbürtige Gegenüber des Mannes ist, wenngleich ihre Erschaffung gemäß der patriarchalischen Vorstellung des Verfassers und seiner Zeit als Herkunft aus dem Mann dargestellt wird. Ähnliches gilt für die Bestrafung der Frau nach dem Sündenfall, auf die man bis dato die Unterordnung der Frau zurückführte. „Richtiger ist es wohl, nicht von Strafe, sondern von Sündenfolgen zu sprechen; es handelt sich ja hier nicht um ein Gesetz von dauernder Gültigkeit. Folgen haben keinen verpflichtenden Charakter." (Hildegard Harmsen, 1967)[4]

Man lernte in dieser Zeit, daß mit einem androzentrischen Weltbild im Hintergrund etwas gesagt werden kann, das die Kraft hat, eben dieses Weltbild zu sprengen. In der Linie einer solchen sich immer mehr durchsetzenden Bibelinterpretation schreibt 1978 Frank Crüsemann über das Strafwort Gottes an Eva: „Warum hat die Frau mehr zu leiden als der Mann? Warum wird sie von ihm beherrscht? ... Man kann wohl diesen Text nur dann richtig erfassen, wenn man ihn streng auf die soziale Rolle der Frau in der Gesellschaft des Erzählers bezieht und dessen ätiologisches Denken[5] zugrunde legt. Es ist sehr problematisch, die Strafe, die die Frau trifft, als naturgegeben anzusehen ... Das macht Herrschaft und Strafe zu Natur und Natur zu Herrschaft und Strafe. Gerade das ist nicht gemeint ... Da jede Ätiologie nicht nur Erklärung bietet, sondern immer auch die Tendenz zur Legitimation hat ..., kann das dazu führen – und das hat die Auslegungsgeschichte des Textes weitgehend bestimmt –, die Frau für ihre negative Lage selbst verantwortlich zu machen. Sobald man das streng ätiologisch-sagenhafte Denken verläßt, ist dies dann unvermeidbar – und macht das Opfer zum Schuldigen."[6] Nach dieser Exegese beobachtet also der Erzähler von Sündenfall und Strafe in der Gesellschaft seiner Zeit die stärkere Belastung der Frau mit Leiden und Bedrängnis, zu deren Erklärung er eine Geschichte erzählt, welche die Ursache für diese Erscheinungen in der Frau selbst sieht. Dies wiederum führte dazu, daß spätere Bibelausleger den patriarchalischen Status quo ihrer eigenen Zeit auf den ersten Seiten der Bibel legitimiert sahen.

Man ist sich also in der Theologie seit langem dessen bewußt, daß in den ersten Kapiteln des Buches Genesis keineswegs die untergeordnete Stellung der Frau als Schöpfungsordnung oder als Strafe für alle Zeiten festgeschrieben wird, sondern daß das zur Zeit des Verfassers bestehende, aber trotz der zeitgenössischen patriarchalen Gesellschaftsordnung nicht für selbstverständlich gehaltene Herrschaftsverhältnis des Mannes zur Frau zu erklären versucht wird durch eine mythologische Erzählung.

Schon 1964 hat Elisabeth Schüssler die Ergebnisse der Zusammenschau der biblischen Schöpfungserzählungen folgendermaßen formuliert:

1. Der erste Schöpfungsbericht ist die konzentrierte theologische Aussage dessen, was im zweiten Schöpfungsbericht geoffenbart ist.
2. Die zentrale Aussage des ersten Schöpfungsberichtes ist die Geschöpflichkeit und Gottbildlichkeit des Menschen. Man kann also nicht das Sein der Frau von dem des Mannes ableiten oder erklären. Es gibt hier nur die totale Abhängigkeit des Geschöpfes vom Schöpfer.
3. Der 2. Genesisbericht spricht aus den soziologischen Vorgegebenheiten eines bereits seit langem bestehenden hierarchisch-patriarchalischen Verhältnisses zwischen Mann und Frau. Man muß also die Darstellungsweise des Schriftstellers, der die Hierarchie des Mannes über die Frau vor Augen hat, von dem Aussagewert der Stelle, der Zusammengehörigkeit von Mann und Frau, scharf unterscheiden.
4. Die Geschlechts- wie die Kulturaufgaben wurden Mann und Frau in gleicher Weise anvertraut. Die Frau hat also als die dem Manne beigesellte Genossin keine rein passive oder untergeordnete Stellung im Bereich der Schöpfung zugewiesen bekommen."[7]

Im Gegensatz zur „Auferstehung der Göttin" in den siebziger Jahren beurteilten die Untersuchungen zum biblischen Menschenbild in den sechziger Jahren die alttestamentliche Gottesvorstellung keineswegs negativ oder als abträglich für die Frau[8]. Man legte Wert darauf zu betonen, daß Israel seinen Gott in der Geschichte erfährt und daß diese geschichtlich bedingte Gottesvorstellung sich abhebt von allem Mythischen. So spricht Pierre Grelot von einem Verschwinden der „auf die Geschlechtlichkeit bezogenen Mythen. Es gibt keine göttliche Mutter, keine göttliche Gattin und keine Liebesgöttin mehr. . . Von allen sexuellen Archetypen. . . hat die Gebetssprache der Sinai-Religion nur einen behalten: den des Gott-Vaters. Aber sie hat ihn losgelöst von jeder Verbindung mit einer Göttin-Mutter, also von jeder Sexualität im eigentlichen Sinn."[9] Es machte sich in dieser Zeit noch nicht das Bedürfnis nach einer Gottesvorstellung geltend, die der Frau eine in der Weiblichkeit gelegene Identifikationsmöglichkeit mit dem Göttlichen bietet, sondern man empfand die von den biblischen Schriftstellern vollzogene Entmythologisierung der Gottesvorstellung als befreiend und glaubenserleichternd.

Die Gottbildlichkeit der nach Gen 1,27 in der Geschlechterdifferenz erschaffenen Menschheit entdeckt man neu, indem spätere leibfeindliche Interpretationen, nach denen sie nur die Seele des Menschen betrifft, anhand des hebräischen Urtextes zurückgewiesen wurden. Man betonte nicht so sehr die individuelle, sondern die „heilsgeschichtliche Gottbildlichkeit der gesamten Menschheit. Mann und Frau sind im Gang der Geschichte und im gemeinsamen Handeln in einem volleren Sinne Bild Gottes, als eine dieser beiden menschlichen Seinsweisen für sich es sein könnte.“[10] In der Dynamik geschichtlichen Handelns, die durch das Zusammenwirken der Geschlechter nur noch gesteigert wird, sah man die Gottbildlichkeit der Menschheit, aber man vergaß auch nicht, daß sie verfehlt werden kann.

In das besondere Interesse der sechziger Jahre rückten die alttestamentlichen Frauengestalten, nicht als einzelne Ausnahmen von der allgemeinen Anonymität der Frauen gewertet, sondern unter dem Gesichtspunkt ihrer Stellung in der Heilsgeschichte[11]. 1960 lenkt Anna Paulsen die Aufmerksamkeit auf die drei Prophetinnen Mirjam, Deborah und Hulda[12], die in der späteren Feministischen Theologie so große Beachtung gefunden haben: Trotz der patriarchalischen Restriktionen der alttestamentlichen Gesetze und Lebensgewohnheiten wird an diesen wie auch an anderen Frauengestalten des Alten Testamentes gezeigt, daß weibliches Menschsein sich nicht nur religiös, sondern auch politisch und sozial entfalten konnte, daß der Gott Jahwe für die Frauen eintritt und sie sogar an Wendepunkten der Geschichte die Initiative ergreifen läßt[13]. Solche Einsichten verhalfen dazu, die Unterstellung von der wesensgemäßen Verborgenheit der Frau, die in den privaten und nicht in den Öffentlichkeitsbereich gehöre, zu widerlegen.

Das Odium des Antifeminismus wurde so allmählich von den alttestamentlichen Schriften genommen, ohne daß man übersah, wie sehr diese durch die soziokulturellen Verhältnisse ihrer Entstehungszeit an patriarchalisch-hierarchische Denkmodelle gebunden sein mußten.

Ähnliches gilt für die Bemühungen der sechziger Jahre um die negativen Frauenstellen des Neuen Testamentes, die sich in den neutestamentlichen Briefen befinden. Denn daß in den Evangelien Frauendiskriminierung nicht vorkommt, wurde kaum je bezweifelt. Heißt es doch selbst bei der vom christlichen Antifeminismus überzeugten Simone de Beauvoir: „Zweifellos weht durch das Evangelium ein Hauch der Caritas, der den Frauen zugute kommt."[14] Auch Mary Daly betont 1968 noch ausdrücklich die frauenfreundliche Haltung der Evangelien: „In jenen Textstellen, die die Beziehung des Herrn zu verschiedenen Frauen beschreiben, tritt ein charakteristisches Merkmal deutlich hervor: Sie treten als Personen ins Blickfeld, denn sie werden als Personen behandelt, und das oft in solchem Gegensatz zur herrschenden Sitte, daß der Leser erstaunt ist."[15] Die in den Evangelien reichlich erwähnte religiöse Zeugenschaft der Frauen beim Tod und am Grabe Jesu, obwohl nach jüdischem Gesetz Frauen zum Zeugnisgeben nicht fähig waren, wurde in dieser Zeit als Gewähr für die Jüngerschaft der Frauen gewertet[16], zwar keineswegs gleichgestellt mit dem Apostolat der Zwölf oder dem des Paulus, aber doch wesentlich mehr als bloße „Frömmigkeit" oder materielle Unterstützung einer (männlichen) Jüngergemeinschaft, wie eine ältere Interpretation es wollte. Allerdings sieht Krister Stendahl schon 1966 eine Relativierung der Zeugenschaft der Frauen darin ausgedrückt, daß in der paulinischen Osterbotschaft 1 Kor 15,2–7 die Frauen unter den Zeugen nicht erwähnt werden[17].

Die systematische Erforschung der Frauenstellen im Corpus Paulinum setzte 1960 ein mit Else Kählers Werk „Die Frau in den paulinischen Briefen."[18] Folgende Stellen stehen zur Debatte: Die Aussagen über Mann und Frau im

7., 11. und 14. Kapitel des ersten Korintherbriefs, im 5. Kapitel des Epheserbriefs und in den seit Beginn der sechziger Jahre zunehmend dem Paulus abgesprochenen Pastoralbriefen, vor allem 1 Tim 2,8ff. Diese Stellen scheinen, wenn man vom 7. Kapitel des 1. Korintherbriefes einmal absieht, in restriktivem Sinne über die Frau zu sprechen oder tun es wirklich. Dagegen steht nur eine positive, jede Abstufung zwischen Mann und Frau ins Unchristliche verweisende Aussage im Galaterbrief 3,28.

Als grundlegend zum Verständnis dieser Texte erkannte man die Tatsache, daß auch der christlich gewordene Paulus seine rabbinische Ausbildung nicht ablegen kann, wenn er über das Alte Testament spricht, so sehr er die Gesetzesfreiheit des Evangeliums gepredigt hat. Das bedeutet, daß für ihn die zeitgenössische jüdische Auslegung der Schöpfungsgeschichte gilt, also eine Vorrangstellung der patriarchalisch gedeuteten Genesiskapitel 2 und 3. Ähnliches trifft auf den aus seiner Schule stammenden Verfasser der Pastoralbriefe zu.

Else Kähler legt besonderes Gewicht darauf, daß bei den Anweisungen in 1 Kor 7 zur Ehe und Jungfräulichkeit, die aus der Naherwartung des Eschaton zu verstehen sind, Mann und Frau in gleicher Weise angeredet werden, so daß von einer Bevormundung der Frau nichts zu bemerken ist. „Beide werden vom Apostel aufgefordert, ihre Ehe bzw. Ehelosigkeit angesichts der schon angebrochenen ‚letzten Zeit‘ als Gabe bzw. Charisma anzusehen.“[19] Bei der Beurteilung von 1 Kor 11,5 und 1 Kor 14,34f, zwei widersprüchlichen Aussagen über das Reden bzw. Schweigen der Frau, weichen die Interpreten der sechziger Jahre stark voneinander ab. Während nach der älteren Auffassung der Widerspruch geglättet wurde, indem man die Erwähnung prophetischen Redens bei Frauen in 1 Kor 11 auf den Privatbereich bezog[20], um in der Gemeinde uneingeschränkt das Schweigegebot gelten zu lassen, erweist Else Kähler, daß Paulus in den Versen 4–10 das Beten und Prophezeien von Männern und Frauen in den Gottesdiensten von Korinth im Auge hat, bei dem nur verschiedene Schicklichkeitsvorschriften zu beachten sind (Schleierfrage)[21]. Obwohl Paulus in diesem Kapitel seiner theologischen Herkunft gemäß die Gottbildlichkeit primär auf den Mann bezieht, gibt er zu erkennen, daß in den Urgemeinden, wie jedes männliche, so auch jedes weibliche Gemeindemitglied beten und prophetisch reden durfte, d.h. die Charismen der spontanen Schrifterklärung und Gebetsformulierung betätigen konnte, während im jüdischen Gottesdienst nur die Männer vollberechtigte Gemeindemitglieder waren. Diese Entdeckung war sehr wichtig und auch nicht selbstverständlich, da der Zugang zu den Versen 4–10 durch frühere, die Tätigkeit der Frauen herunterspielende Auslegungen erschwert war[22]. Sie diente, auf die Gegenwart bezogen, vor allem dem Bewußtsein einer „Gleichberechtigung von Mann und Frau im Laienstand."[23]

Wie verhält sich dazu, daß nach 1 Kor 11,5 die Frauen in den Urgemeinden gesprochen haben, nun das „Schweigegebot" in 1 Kor 14,34f? Neben der immer noch vorkommenden tendenziellen Auslegung im Sinne eines überzeitlich-gültigen Gesetzes fand die Erklärung, daß hier nur das ordnungswidrige und den Gottesdienst störende Dazwischenfragen der Frauen unterbunden werden soll, einige Zustimmung[24]. Es gab jedoch noch andere Hypothesen, darunter die, „daß diese Stelle in eine spätere Schicht des Neuen Testamentes gehört, der auch die nicht von Paulus selbst stammenden sogenannten Pastoralbriefe angehören. Gegen Wende des 1. Jahrhunderts, als die eschatologische Naherwartung sich nicht erfüllte, setzte eine Re-Judaisierungstendenz ein, d.h. die Christen mußten sich zurückfinden in das soziale Leben ihrer Zeit, das notwendig die patriarchalische Ordnung des Judentums war. Daher die Empfehlung, die Frau solle in Untertänigkeit zu ihrem Mann zurückgezogen leben und in der Stille lernen (1 Tim 2,10–15). Inhaltlich wie der geistigen Einstellung nach entspricht 1 Kor 14,34 dieser späten Schicht des Neuen Testamentes. Man nimmt daher an, daß diese Stelle nachträglich in den Text von 1 Kor hineingeraten ist[25], sei es durch Abschreibefehler, sei es in einer bestimmten Tendenz."[26]

Die Forderung nach „Übersetzung" aus der antiken in die gegenwärtige Gesellschaftsordnung wurde insbesondere für den Epheserbrief gestellt, in dessen 5. Kapitel die hierarchisch strukturierte Ehe als Abbild des Christus-Kirche-Verhältnisses bezeichnet wird, worin die Katholische Kirche die Sakramentalität der Ehe sieht. Gegen die Tendenz, die Ehe deshalb für alle Zeiten auf eine patriarchalische Struktur festzulegen, erhob sich in der Zeit des „aggiornamento" der Einwand, daß man damit eine für immer geltende Heilsaussage auf eine soziologisch vergängliche Eheform einengen würde[27]. Daß das Christus-Kirche-Verhältnis im Epheserbrief auf das Mann-Frau-Verhältnis bezogen wird, empfand man dagegen noch nicht als diskriminierend für die Frau, ebensowenig wie den alttestamentlichen Vergleich des Verhältnisses von Jahwe und seinem Volk mit einem Ehebund[28]. Man wehrte sich nur gegen die überspitzte Anwendung solcher Vergleiche auf die heutige Lebenswelt. Noch war die Theologengeneration nicht zornig, wohl aber betroffen, weil der jegliche Herrschaft von Menschen über Menschen verurteilende Text des Neuen Testamentes, Gal 3,28, für die erste der dort genannten ungleichen Gruppen (Juden/Griechen) zwar sogleich eine Lösung herbeiführte, für die zweite (Sklaven/Freie) zumindest über die Jahrhunderte hinweg das christliche Gewissen aufrüttelte, für die dritte (Mann/Frau) jedoch keine Realitätsveränderung bewirkte, indem man sich sehr bald schon mit der Deutung beruhigte, die Gleichheit zwischen Mann und Frau gelte „nur" vor Gott[29].

Nachdem man also vor rund zwei Jahrzehnten die Bibel mit dem Bewußtsein heutiger Frauen und Männer zu lesen und zu verstehen begonnen hatte, blieb nicht verborgen, daß mehr als es bisher wahrgenommen worden war, Mann und Frau im Alten wie im Neuen Testament gleichrangig nebeneinander genannt werden. Auf die beide Testamente verbindende Pfingstrede des Petrus mit dem Zitat aus dem

Propheten Joel (3,1), welche dessen Verheißung des Geistes für die Söhne und Töchter, ebenso wie für die Knechte und Mägde als erfüllt ankündigt, richtete sich in besonderem Maße die Aufmerksamkeit und Betroffenheit[30]. Es rückte zunehmend ins Bewußtsein, daß die jüdisch-christliche Überlieferung, wie andere Hochreligionen während der patriarchalischen Entwicklungsstufe der Menschheit entstanden, mit diesen vor die Existenzfrage gestellt worden ist, ob sie sich zu einer nachpatriarchalischen Anthropologie und Gesellschaftsform weiterentwickeln könne. Die Neuentdeckungen am biblischen Menschenbild schienen Hoffnung dafür zu geben, daß die Emanzipation zum vollen Menschsein der Frau sich nicht als Emanzipation von der jüdisch-christlichen Überlieferung vollziehen müsse[31].

Daß das junge Christentum durch die Briefe des Neuen Testamentes in die hierarchisch-patriarchalische Gesellschaftsordnung des Judentums eingewiesen wurde, lernte man als geschichtliche Tatsache anzuerkennen, ohne daraus Verpflichtungen für die Gegenwart abzuleiten. Man fühlte sich berechtigt zu einem solchen Verständnis, zumal das Neue Testament auch die Durchbrechung dieser sozialen Ordnung bezeugt, so etwa in der Aufforderung des Epheserbriefs, sich einander unterzuordnen in der Liebe Christi[32].

Die Exegese und Bibeltheologie der siebziger Jahre schlug in mehrfacher Hinsicht einen radikaleren Weg ein. Um die nun folgende Entwicklung zu verstehen, muß man zweierlei beachten:

1. Der gegen Ende der sechziger Jahre mit Vehemenz einsetzende neue Feminismus war an den Entwicklungen innerhalb des Christentums wenig interessiert, befaßte sich in den seltensten Fällen mit der Theologie der Gegenwart und las die Bibel meistens im Sinne der bereits überwundenen Exegese, um so die jüdisch-christliche Tradition von ihrem Ursprung her als patriarchalisch, androzentrisch und antifeministisch abtun zu können[33].

2. Die amerikanische Theologie hatte in vielen ihrer Vertreter die bis dahin vorwiegend auf dem europäischen Kontinent vollzogene Neuorientierung im Bibelverständnis noch nicht genügend rezipiert oder sah die Ergebnisse nicht als überzeugend an. Dies führte dazu, daß die radikal feministische Sicht der jüdisch-christlichen Tradition auf fruchtbaren Boden fiel. Nur so ist es zu verstehen, daß Phyllis Trible 1973 folgendes schreibt: „Wenn du dich für den Gott deiner Väter entscheidest, dann liefert die Bibel dir Modelle für deine Sklaverei. Wählst du aber den Gott der Schwesterlichkeit, so mußt du der patriarchalischen Religion absagen und ohne Modelle deine Freiheit einfordern ... Nichtsdestoweniger behaupte ich im Unterschied zu der allgemeinen Auffassung, daß es nicht die Absicht des biblischen Glaubens ist, das Patriarchat einzusetzen oder zu erhalten, sondern vielmehr, das Heil für Männer und Frauen gleichermaßen zu suchen."[34] Die allgemeine Auffassung ist also demnach die patriarchalische Bibelauslegung.

Es war so die paradoxe Situation entstanden, daß reaktionäres Christentum und außerchristlicher Feminismus sich in der Ablehnung der neuen Exegese die Hand reichen konnten, denn soweit der Feminismus von dieser Kenntnis nahm, sah er sie als Beschönigung oder sinnlosen Rettungsversuch an.

In der Reaktion auf den radikalen Feminismus und auf die zu ihm abwandernden „Postchristian feminists"[35] wird in den folgenden Jahren in Amerika eine feministische Exegese betrieben, die alles Vorherige weit hinter sich läßt. Man versucht, sich mit dem Gott des Alten Testamentes und Vater Jesu Christi aufs neue ins Benehmen zu setzen.

Als Grundübel der jüdisch-christlichen Misere vom Feminismus besonders inkriminiert, werden die Genesiskapitel 2 und 3 einer nicht ganz neuen, aber sehr extremen Deutung unterzogen, die dem patriarchalischen Verständnis von der Zweitrangigkeit der Frau geradezu entgegengesetzt ist. Man beruft sich für die Adam- und Eva-Erzählung auf das Stilgesetz der Steigerung. So wie in Gen 1 die Erschaffung der Menschheit in beiden Geschlechtern als Vollendung der Schöpfung, so werde in Gen 2 die Erschaffung der Frau als Vollendung der Menschheit dargestellt[36], wobei ausdrücklich darauf hingewiesen wird, daß diese „Lesart" des Textes nicht weiblichen Chauvinismus aufrichten, sondern männlichen unterhöhlen soll[37].

Bei der Kommentierung der Gottbildlichkeit der Menschheit nach Gen 1 wird das Gewicht auf die Erwähnung der beiden Geschlechter gelegt: als männliche und weibliche ist die Menschheit Gott (Elohim) ähnlich. Aber noch wird am transsexuellen Gottesbegriff festgehalten: Im Gegensatz zu parallelen Schöpfungsmythen des Alten Orients ist Gott selbst nicht „involved in sex. Yet he gives meaning to human sexuality."[38]

Die Auffassung von der Frau als Vollendung der Schöpfung führt auch dazu, daß die Erzählung vom Sündenfall in Kap. 3 anders gedeutet wird. Die Schlange – in den außerisraelischen parallelen Mythen selbst eine Gottheit – wendet sich an die Frau nicht, wie „männliches Vorurteil" gemeint hat, weil diese die schwächere, sondern weil sie die klügere ist. Dies gibt ihrem Sturz eine umso tragischere „Fallhöhe". Die Erkenntnis von Gut und Böse, die sie erstrebt, wird als ein dem Menschen noch unangemessenes Vorwissen der künftigen Geschichte des Menschengeschlechtes erklärt. Da Gutes und Böses vom Segen und Fluch Gottes abhängen, kann in dem Streben der Frau nach Wissen die Vermessenheit gesehen werden, den verborgenen Willen Gottes zu kontrollieren. Nach dieser Interpretation erscheint dann die Strafandrohung Gottes an die Frau geradezu als die Perversion der ursprünglichen Ordnung: Aus der Vollendeten wird die Unterworfene[39]. So gesehen, scheint von Gen 2 mehr befreiende Kraft auszugehen als von Gen 1, denn die Rekonstruktion einer prälapsarischen Ordnung (Paradies) als exakte Umkehrung des täglichen Lebens zur Zeit des biblischen Schriftstellers findet sich nur hier.

Es ist nicht von ungefähr, daß eine solche Deutung in einer Zeit vertreten wird, in welcher die Theologie sich darum bemüht, das menschliche Selbstwertgefühl der Frauen zu heben und ihm gleichsam von den ersten Seiten der Bibel an eine Stütze zu geben.

Die nächste Stufe ist die Neubesinnung auf die alttestamentliche Gottesvorstellung. Von einem philosophischen Gottesbegriff herkommend, wird man die Verbildlichungen Gottes als Anthropomorphismen verstehen, was für die weiblichen nicht weniger gilt als für die weit zahlreicheren männlichen Metaphern. Aber die Anklage, die vom Feminismus gegen den patriarchalischen Gott der Bibel erhoben wurde, erforderte eine erneute Beschäftigung mit den Variationen und dem Wandel des Gottesbildes im Alten Testament. Von der weiterhin auf der Basis der Geschichtlichkeit verbleibenden Feministischen Theologie wurden jene Züge am Gottesbild in den Vordergrund geholt, die zwar der Theologie seit jeher nicht unbekannt waren, die aber in der Tradition weniger zum Tragen gekommen sind: so vor allem das im Hebräischen feminine Substantiv ruach – Geist (Gottes); die ebenfalls weibliche Sophia in der (späten) Weisheitsliteratur des Alten Testamentes, die, obwohl bisweilen hypostasiert, mit der Vorsehung und Güte Gottes identisch ist; die Shekinah als innerweltliche Präsenz Gottes – und nicht zuletzt die Metaphern, welche die Liebe Gottes zur Menschheit oder zu seinem Volk mit der Fürsorge einer Mutter vergleichen[40]. „Der Gott eines Jesaja, eines Hosea oder eines Hiob ist nicht mehr derselbe wie der in der Geschichte planvoll wirkende Gott des Moses. Er ist weit geheimnisvoller, fremder, leidenschaftlicher, unergründbarer, ab und zu sogar so unberechenbar, eigensinnig und launisch, wie man das von jeder richtigen Frau erwartet“, schreibt Rosemary Haughton 1980[41], indem sie mit wenigen Worten das Ergebnis einer Fülle von vorausgegangenen Untersuchungen zusammenfaßt.

Solche Überlegungen dienen indirekt dazu, den Frauen auch in der jüdisch-christlichen Tradition eine Identifikationsmöglichkeit mit dem Göttlichen zu bieten. Innerhalb der Feministischen Theologie wird sogar die Rede vom „Symbol der Göttin“ in Sinne der Kontemplation älterer weiblicher Gottesbilder anerkannt, soweit dies notwendig ist, um Macht in Händen von Frauen als legitim erfahren zu können. Jedoch handelt es sich dabei schon um eine Randerscheinung[42]. Wohin die – für Außenstehende vielleicht grotesk klingende Frage: „Ist Gott ein Mann?“ theologisch gehört, das wird in Rosemary Haughtons Ausführungen sehr deutlich: „... die Frage, ob Gott männlich ist, ist mehr eine Frage danach, wie die Kirche sich selbst versteht und verhält, als eine Frage nach Gott selbst ... Gestützt auf viele Änderungen in und mit der Kirche lautet die Antwort dann auch: Er war männlich, ist es aber nicht mehr.“[43]

Feministisch-theologische Untersuchungen der alttestamentlichen Frauengestalten aus den siebziger Jahren setzen sich das Ziel, die verlorengegangene Frauengeschichte wiederzuentdecken[44]. Sie analysieren in den alttestamentlichen Berichten das Verhalten von Männern gegenüber Frauen und korrigieren des öfteren die Interpretationen männlicher Theologen, obwohl andererseits auch die Zusammenarbeit von Theologen und Theologinnen intensiviert wird. Textkritische Ergebnisse erweisen sich dem feministischen Bewußtsein als hilfreich, so etwa bei dem Befund, daß die Prophetin Mirjam nach einer der ältesten Überlieferungen nicht die Schwester des Moses ist, sondern eine Frau, die auf der Eigenständigkeit der ihr zuteil gewordenen Offenbarung beharrt und dafür hart bestraft wird. „Der Erzähler geht davon aus, daß Mirjam mit Mose wegen der prophetischen Führung Israels konkurrierte, und setzt sich gegen einen solchen Anspruch einer Frau zur Wehr.“[45]

Einen Beitrag zur Frauengeschichte und solidarischen Schwesterlichkeit findet man auch in dem Bericht über die Prophetin der Richterzeit Deborah – „Woman power emerged as Deborah summoned ... Barak“[46], – welche nicht zuletzt die Frauen ihres Volkes davor bewahrt, als Kriegsbeute mißbraucht und verschleppt zu werden. „Selbst dieses Siegeslied (Ri 5) enthält also noch spöttisch geäußerte

Kritik am sexistischen Verhalten der Männer ... Versteht man ... das Lied konsequent als Lied einer Frau für Frauen, ist diese Interpretation sicher nicht überzogen. Sie wirft ein weiteres Licht auf die Rolle der Deborah: sie kämpft nicht nur für den Widerstand gegen Unterdrückung, sie kämpft auch für die Frauen."[47]

Sehr negativ reagiert die Feministische Theologie auf die Symbolik des Weiblichen im Alten Testament, soweit sie die menschliche Seite betrifft. Das Bild einer Ehe zwischen Jahwe und Israel wird – nicht nur wegen seiner negativen Wendung, die das von Jahwe abgefallene Volk zur Hure werden läßt – zwar in seiner Entstehung aus der damaligen Rolle der Frau zu verstehen versucht, aber wegen seiner Geschlechtsrollen konservierenden Kraft als bedenklich empfunden[48]. Man macht sich an die Demokratisierung dieser „Heiligen Hochzeit", nicht zuletzt im Hinblick darauf, daß bei dem Propheten Hosea, der das Bild gebraucht, auch schon die königliche Würde jedes einzelnen betont wird, wie im Neuen Testament (1 Petr 2,9) das königliche Priestertum aller; zweifellos Ansätze, durch welche die passive Rolle des Braut-Volkes durchbrochen ist, allerdings mit Hilfe männlicher Bilder.

Die Radikalisierung der Exegese in der Feministischen Theologie zeigt sich beim Neuen Testament noch intensiver als beim Alten. Man kann die vorherrschenden Tendenzen folgendermaßen kennzeichnen: 1) Unter dem Stichwort „Jesus der Feminist" wird das Neue Testament in der Textgestalt, wie es uns vorliegt, zur Grundlage eines derart positiven und starken Bildes der Frau genommen, wie es sich in der bisherigen christlichen Tradition noch nicht entfalten konnte. 2) Von der Annahme ausgehend, daß in dem uns vorliegenden Neuen Testament die ursprüngliche Frauentradition bereits zurückgedrängt bzw. „nur noch gefiltert durch eine patriarchalische Redaktion" (Elisabeth Moltmann-Wendel)[49] anzutreffen ist, wird das Verschüttete freizulegen versucht.

Von Jesus als einem Feministen zu sprechen, könnte die

gleichen Vorbehalte hervorrufen wie vor Jahren die Redeweise von Jesus dem Revolutionär[50]. Und doch ist es schon immer aufgefallen, daß sich kein einziges restriktives Jesuswort in bezug auf Frauen anführen läßt, wohl aber viele an Frauen gerichtete befreiende Worte. Von „wilder Exegese" kann also nicht von vornherein die Rede sein. Swidler wendet in seinen verschiedenen Veröffentlichungen die Bezeichnung Feminist auf Jesus an, weil für ihn ein Feminist „ein Mensch (ist), der die Gleichheit von Mann und Frau bejaht und zu verwirklichen sucht, ... der sich dafür einsetzt, Frauen primär als menschliche Personen zu behandeln ... und der bewußt durch seine Handlungen gesellschaftlichen Bräuchen entgegenwirkt."[51] Eine solche Entscheidung zur Durchbrechung eines frauenfeindlichen Brauches sieht er in der Aufnahme von Frauen in die Jüngerschaft, die im Widerspruch steht zur Fernhaltung der Frauen vom Studium der Heiligen Schriften im Judentum. Jüngerinnen sind die Frauen um Jesus nicht nur, weil sie in der Lehre unterwiesen werden wie die Männer, sondern auch, weil ihnen besondere Mitteilungen zukommen: das Jesus-Wort an Lazarus' Schwester Martha: „Ich bin die Auferstehung und das Leben", die Selbstoffenbarung als Messias an die Samariterin[52] sowie die Osterbotschaft. In der bekannten Begünstigung Marias von Bethanien trotz der Klage ihrer Schwester Martha sieht Swidler einen Beweis, daß Jesus Frauen die „männliche" Rolle der intellektuellen Entfaltung zugesteht, und in dem Gleichnis vom verlorenen Groschen einer Frau, die (wie der Gute Hirte) Gott versinnbildet, der dem Sünder nachgeht, erkennt er weibliche Züge im Gottesbild Jesu: „Jesu ließ sich nicht von der Vorstellung Gott als Femininum abschrecken."[53]

Die Feministische Theologie der siebziger Jahre, die Jesus als Feministen sieht, nimmt keinen Anstoß an seinem männlichen Geschlecht und fühlt sich nicht zur Konsequenz der Mary Daly herausgefordert. Es wird vielmehr die sehr alte Tradition der Sophia-Christologie wieder aufgegriffen, die man so versteht, daß Jesus auch die „weibliche"

Seite Gottes offenbart[54], und zudem wird er psychologisch als „integrierter Mensch“ verstanden, der nicht allein die sogenannten männlichen Eigenschaften in sich entfaltet hat[55].

Daß das Neue Testament, wie es uns jetzt vorliegt, auch Andeutungen in Richtung auf weibliche Ämter in den Urgemeinden macht, versucht Raymond E. Brown 1975 in einem viel beachteten Aufsatz über die Rolle der Frauen im vierten Evangelium zu zeigen: Wenn für Paulus zum Apostolat zwei Komponenten gehören, nämlich „den auferstandenen Jesus gesehen zu haben und ausgesandt zu sein, ihn zu verkündigen“[56], so bemerkt Brown richtig, daß nach dem vierten Evangelium der Maria von Magdala nicht nur das Apostolat zukomme, sondern daß der Verfasser dieses Evangeliums auch die paulinische Tradition revidiert, nach der Petrus (1 Kor 15,5; Luk 24,34) der erste war, der den Auferstandenen gesehen hat. Nimmt man hinzu, daß selbst die spätere christliche Tradition Maria von Magdala „apostola apostolorum“ genannt hat[57], dann scheint die Hypothese nicht sogleich von der Hand zu weisen, daß man neben dem Apostolat der zwölf Männer, dessen Symbolik in der Entsprechung zu den zwölf Stämmen des alttestamentlichen Volkes liegt, von einem Frauenapostolat im Neuen Testament sprechen kann. In diesem Zusammenhang steht auch die Wiederentdeckung des weiblichen Apostels Junia in Rom 16,7, aus dem die spätere Tradition einen Junias gemacht hatte[58].

Damit geht die Feministische Theologie der siebziger Jahre über die Betonung der Jüngerschaft der Frauen in den Veröffentlichungen der sechziger Jahre um einen erheblichen Schritt hinaus. Wenn Frauen auch in den anderen Evangelien in ihrem Auferstehungszeugnis und ihrem Ausgesandtsein an andere den paulinischen Anforderungen an das Apostolat entsprechen, dann scheinen sie in die nur schwer zu eruierende „Ämterstruktur“ der Urkirche einbezogen zu sein.

Brown macht insbesondere auf die Parallele zwischen

dem Messiasbekenntnis des Petrus (Joh 16,16) und dem der Martha (Joh 11,27) aufmerksam, woraus er schließt, daß „die johanneische Gemeinde ... mit Gestalten wie Martha oder Maria Magdalena solche Erinnerungen verbindet" wie andere Gemeinden mit Petrus, daß er nämlich „das höchste Bekenntnis von Jesus als dem Sohn Gottes ablegte" und ihm der Auferstandene zuerst erschienen sei[59]. Man kann in der Tat verwundert sein, daß das Messias-Bekenntnis der Martha im Gegensatz zu dem des Petrus so wenig greifbare Folgen gezeitigt hat.

Daß die Gleichnisse Jesu im Lukasevangelium ein strenges Gleichgewicht an männlichen und weiblichen Bildern und Beispielen einhalten, zeigt Constance F. Parvey[60]. Dies erscheint ihr wie eine Vorbereitung zu den Berichten der Apostelgeschichte über das frühchristliche Leben: Der noch nicht bekehrte Paulus verfolgt Frauen ebenso wie Männer, was ihre eigenständige Funktion erweist, und der bekehrte bedient sich ihrer in großer Zahl als Mitarbeiterinnen. Gemeinden versammeln sich im Hause weiblicher Haushaltsvorstände, und weibliche Propheten gehören zur Struktur der weitgehend charismatisch bestimmten Ämter der Urkirche, wie es die Pfingstrede des Petrus mit dem Zitat aus dem Propheten Joel in Aussicht stellt. Diese Art der Exegese interpretiert also das uns vorliegende Neue Testament optimistisch im feministischen Sinne und findet zahlreiche Spuren dafür, daß im Leben der Urgemeinden die Frauen als tragende und leitende Kräfte wirksam waren.[61]

Die andere Auffassung, nach der das Neue Testament selbst schon die Traditionen von aktiven Frauen zurückgedrängt hat, die also die vorliegenden Texte als bereits patriarchalisch überformte ansieht, geht aus von einem ursprünglichen Gleichgewicht von Mann und Frau in der urchristlichen Bewegung. „Fragt man hinter diese judenchristliche Redaktion und Stilisierung zurück, so trifft man auf eine Frauengruppe, die für das Leben und Sterben Jesu und für die Entstehung der ersten christlichen Gemeinden genauso wichtig war wie die männlichen Jünger", schreibt

Elisabeth Moltmann-Wendel 1977[62]. Die Ergebnisse dieses skeptischen Ansatzes, der für die ursprüngliche Stellung der Frau mehr erbringt als der optimistische Ansatz, zuweilen diesem auch widerstreitet, sind in den verschiedenen Arbeiten von Elisabeth Schüssler-Fiorenza[63] nicht nur zusammengetragen, sondern vor allem auch methodisch reflektiert. Ausgehend von den Einsichten der Quellen-, Form- und Redaktionsgeschichte, durch die man längst weiß, daß die neutestamentlichen Schriftsteller sich nicht um objektive Tatsachenberichte bemühen, sondern in gewisse Problemsituationen klärend eingreifen wollen, wird hier die Spärlichkeit der neutestamentlichen Erwähnung leitender Frauen mit der Hypothese zu erklären versucht, „daß uns viele Traditionen und Informationen über den Beitrag der Frau im Urchristentum verloren gegangen sind, da der androzentrische Selektions- und Redaktionsprozeß diese entweder als nicht wichtig oder als bedrohlich angesehen hat.“[64] Zu dieser Hypothese veranlassen verschiedene, als widersprüchlich empfundene Gegebenheiten im Neuen Testament wie etwa die, daß zwar nach den Evangelien die Frauen zuerst am leeren Grab stehen, aber die Männer die wahren Osterzeugen sind, oder auch die, daß in der Apostelgeschichte zwar vermögende Frauen im Dienst der Gemeindegründung und des Gemeindelebens stehen, aber die männliche Leitung der Mission dennoch herausgestellt wird, vor allem jedoch die, daß in der „paulinischen Schule“ einerseits prophetisches Reden von Frauen bezeugt wird, andererseits aber restriktive Auflagen und Gebote formuliert werden[65].

Insbesondere ist von einer androzentrischen Redaktion der vorliegenden Überlieferungen durch Lukas die Rede, und in diesem Fall kritisiert die Redaktionshypothese die Ergebnisse des positiven Ansatzes bei Constance F. Parvey u. a., wo Lukas, übereinstimmend mit der älteren Exegese, als so besonders „frauenfreundlich“ erschienen war[66]. Hier dagegen wird in der Hervorhebung des Petrus als des offiziellen Osterzeugen (Luk 24,34) und in der Disqualifizierung des Osterzeugnisses der Frauen durch die männlichen Jünger als „Geschwätz“ eine subtile Weise der Abwertung der Frauen als apostolische Zeugen aufzudecken versucht.

Was die „Paulusschule“ betrifft, bei der man den Unterschied von echten paulinischen und nach-paulinischen Schriften nicht mehr für so wichtig hält[67], so werden die Sprech- und Lehrverbote an Frauen, die mit einer patriarchalischen Deutung von Genesis 2 und 3 verbunden sind (die Frau als Zweite erschaffen, aber als Erste verführt), nicht wie in den sechziger Jahren mit der fortschreitenden Patriarchalisierung der Kirche und ihrer Leitungsfunktionen erklärt, sondern eben mit der Hypothese einer in den neutestamentlichen Schriften selbst vorliegenden judenchristlichen Redaktion ursprünglich anderer Traditionen.

Die Vertreterinnen der Redaktionshypothese nehmen die Unvermeidbarkeit einer Patriarchalisierung der kirchlichen Leitungsfunktionen nicht hin, weil sie gegen ein solches Rekonstruktionsmodell den Verdacht hegen, daß dadurch die Unterordnung und Marginalität der Frau in der Kirche zur „göttlichen Offenbarung“ gemacht werden soll. Sie suchen stattdessen nach weiteren Spuren für eine urchristliche Theologie und Praxis, „die die Frau als ebenbürtige Jüngerin und Christin anerkannte.“[68] Ein wichtiger Hinweis wird darin gesehen, „daß die Tradition das Verhalten Jesu nicht apologetisch im patriarchalen Sinn zu interpretieren suchte. Selbst die späteren neutestamentlichen Texte, die ausdrücklich die patriarchale Unterordnung der christlichen Frau fordern, legitimieren diese Forderung nicht mit dem Hinweis auf ein Wort Jesu, sondern mit dem Verweis auf das Gesetz.“[69]

Das Ethos der Gleichheit in den Jesustraditionen sieht diese feministische Interpretationshypothese durchgehalten in der urchristlichen Gemeinde. „Alle sind in Christus eins und einander ebenbürtig. Gal 3,28 stellt eine vorpaulinische Tauffformel dar, die von Paulus zitiert wird, um seine Auffassung zu stützen, daß in der Gemeinde alle religiös-gesellschaftlichen Unterschiede ... aufgehoben sind ... Das neue Selbstverständnis der Christen beendete alle Religions-, Klassen- und patriarchalen Herrschaftsverhältnisse und ermöglichte es damit nicht nur Heiden und Sklaven, sondern auch Frauen, wichtige Positionen in der Gemeinde einzunehmen. Frauen waren ... nicht Randfiguren, sondern Apostel, Propheten und Missionare."[70] Diese Sätze, obgleich in hypothetischer Form vorgetragen, stellen den Gegenentwurf dar zur bisherigen Deutung einer mehr oder weniger notwendigen Patriarchalisierung auf dem Weg vom charismatischen zum institutionellen Amt nach dem Ausbleiben der Erfüllung der eschatologischen Naherwartung. Ob dieses Modell sich durch die künftige Anstrengung in der quellen-, form- und redaktionsgeschichtlichen Forschung bestätigen läßt, bleibt abzuwarten.

Aber auch wenn man sich mit der Unvermeidbarkeit der Patriarchalisierung der Kirche nicht abzufinden braucht, bedarf es einer geschichtlichen Vermittlung des Urchristentums, wie es hinter einer möglichen judenchristlichen Redaktion in den neutestamentlichen Texten wieder entdeckt und immer mehr freigelegt werden könnte, in unsere Gegenwart. Denn wenn sich auch „ein emanzipatorisches Urgestein ... hinter der androzentrischen Rekonstruktion urchristlicher Geschichte auffinden"[71] läßt und es durchaus rechtens ist, nach den emanzipatorischen Impulsen christlichen Glaubens für heute zu fragen, so erlaubt uns die geschichtliche Weise unserer menschlichen Existenz doch nicht, daß heutige Frauen da „weitermachen", wo altchristliche Frauen vor nahezu zwei Jahrtausenden aus den noch in der Entwicklung befindlichen Ämtern zurückgedrängt wurden. Ebenso ist ein plötzliches „Einsteigen" in die seit zwei Jahrtausenden von Männern verwalteten Ämter aufgrund dieses Impulses aus der urchristlichen Geschichte problematisch. Sich auf die mögliche Gleichrangigkeit von Mann und Frau in Jüngerschaft und apostolischen Funktionen des Urchristentums zu besinnen, ist jedoch von mehr als nur historischem Interesse und könnte dazu beitragen, die Frage der kirchlichen Dienste als ganze neu zu bedenken. Darüber hinaus aber wäre eine solche Besinnung für die Gestaltung menschlicher Beziehungen in der Gesellschaft wichtig. Die Fixierung auf die Ämter könnte also auch dazu führen, die Ergebnisse feministischer Exegese in ihrer Ganzheitlichkeit wiederum einzuengen.

## 4. KAPITEL

# Sind die Kirchenväter misogyn?

weiberfeindlich

Dieses und die beiden folgenden Kapitel beschäftigen sich mit den Ergebnissen historischer Frauenforschung auf dem Gebiet der Theologie. Es liegen dazu bisher bei weitem weniger Studien vor, als zur Stellung der Frau in der Heiligen Schrift. Die Ergebnisse sind also noch fragmentarisch. Der Wert der einzelnen Veröffentlichungen entscheidet sich daran, ob jeweils nach den Methoden historischer Forschung gearbeitet worden ist bzw. wie die Forschungsergebnisse zusammengefaßt und mitgeteilt werden. Manchmal hat man beim Lesen feministisch-theologischen Schrifttums den Eindruck, es mit einem Florilegium negativer patristischer Aussagen über die Frau zu tun zu haben, das weit davon entfernt ist, das Ganze zu reflektieren. Zuweilen bedenken die Autoren auch nicht genügend die Rezeption ihrer Arbeiten durch Leser, denen die Theologiegeschichte weniger vertraut ist und die bei Kennzeichnungen wie: „Sogar der misogyne Kirchenvater . . . gibt zu, daß . . .“ notwendig den betreffenden christlichen Traditionszeugen verkennen müssen. Ähnlich kann die Feststellung, daß die Aristoteles-Rezeption im Mittelalter sich negativ auf Stellung und Bild der Frau ausgewirkt hat, den Eindruck hervorrufen, als sei die Aristoteles-Rezeption als ganze zu verwerfen. Nicht selten fehlt es auch an einer dem Gegenstand historischer Forschung angemessenen Sprache. Zusammenfassende Sätze, deren Inhalt Autoritäten verschiedenster Kulturepochen, die um Jahrhunderte von einander getrennt sind, gleichsam auf einen Nenner zu bringen versucht, sind mißverständlich, wenn nicht falsch, wie z. B. dieser: „Frauen sind – gemäß Aristoteles, Thomas von Aquin und Freud – mißratene Männer.“[1]

Vielfach liegt bei der Redeweise der Feministischen Theologie ein neuzeitlicher Begriff von Menschenrechten zugrunde. Wenn nach unserem Verständnis die Menschenrechte der Frau nicht respektiert sind, bezeichnet man die betreffenden Aussagen antiker oder mittelalterlicher Autoren als antifeministisch bzw. misogyn. Viele uns Heutigen misogyn klingende Ermahnungen an Frauen können von den betreffenden Autoren in vermeintlicher seelsorglicher Verantwortung oder aus einem „Liebespatriarchalismus“ geschrieben worden sein, Einstellungen, die zu überwinden ihnen in ihrer Zeit nicht möglich war. Bewußte Absicht und unbewußte Tendenz genau zu unterscheiden, ist unerläßlich, wenn man anthropologische Aussagen vergangener Epochen vom heutigen Standpunkt aus beurteilt.

Die Feministische Theologie will jedoch die Gründe aufzeigen, warum die Befreiung der Frau durch das Evangelium sich nicht auf die christliche Geschichte übertragen hat – oder besser: warum die christliche Tradition zwar die Gleichheit von Mann und Frau als Geschöpfen Gottes, als durch Christus Erlösten und zur eschatologischen Vollendung Berufenen für selbstverständlich hält, aber trotzdem die menschliche Zweitrangigkeit der Frau behauptet und ihre soziale Bevormundung gerechtfertigt hat. Dazu müssen die restriktiven Denkschemata und ihre Auswirkungen im praktischen Leben aufgezeigt werden, die zur Marginalisierung der Frau im Christentum geführt haben. Man kann nicht umhin, die christlichen Schriftsteller, bei denen diese Denkschemata vorkommen, beim Namen zu nennen, was leicht auf ihr gesamtes Werk einen Schatten wirft, selbst wenn dies nicht beabsichtigt ist.

Die Feministische Theologie hat jedoch bereits Einseitigkeiten korrigiert, und nachdem die erste Welle der Entrüstung überwunden war, bemühen sich diejenigen, die weiterhin die jüdisch-christliche Tradition als normativ ansehen, auch auf diesem Gebiet um die von ihnen so oft beschworene Ganzheitlichkeit. So sieht Eleanor McLaughin in ihrem programmatischen Artikel „The Christian Past: Does it Hold a Future for Women?“ (1975) die Einstellung der christlichen Antike zur Frauenfrage nicht nur als „an elaboration of those misogynist and patriarchal tendencies of classical antiquity“[2], sondern findet auch befreiende Elemente in ihr. Sie betont, daß christliche Schriftsteller, die sich zwar der zeitgenössischen negativen Symbolik der weiblichen Natur bedienen, andererseits doch weit davon entfernt sind, eine doppelte Moral für Mann und Frau gelten zu lassen, indem sie an beide in der Ehe die gleichen moralischen Anforderungen stellen[3]. Diese Autorin glaubt sogar nachweisen zu können, daß die Lehre von der Erschaffung beider Geschlechter nach dem Bilde Gottes, so sehr sie auch in bezug auf die Frau abgeschwächt worden sein mag, dennoch „revolutionary egalitarian implications“ in die Spätantike hineingetragen hat.

Übereinstimmend beurteilt die Feministische Theologie die Stellung der Frau in der christlichen Antike folgendermaßen: Frauen, die sich zum Leben in der „Virginitätskultur“[4] entschließen, haben die Chance zu Bildung und Selbstentfaltung sowie zur Zusammenarbeit mit Männern auf gleicher Ebene, obschon es an offizieller Anerkennung mangelt. Der Preis, den sie dafür zahlen, ist Verzicht auf Eros, Ehe, Mutterschaft. Die Emanzipationsmöglichkeit bzw. die „christliche Freiheit“ der in der Ehe lebenden Frauen dagegen gilt als äußerst gering.

Im folgenden richten wir uns nach verschiedenen Arbeiten von Rosemary Radford Ruether, die das Leben altchristlicher Frauen, die dem Virginitätsideal folgten und sich durch biblische Gelehrsamkeit auszeichneten, anschaulich beschrieben und gezeigt hat, welche befreienden Kräfte wirksam waren, aber auch, wo die Repressionen ansetzten. Die Arbeitshypothese von einem „Mißverhältnis zwischen offizieller Geltung und tatsächlicher Leistung“[5] der Frauen scheint sich hier zu bestätigen. Zur Erklärung des Virginitätsideals in der christlichen Antike macht diese als Historikerin ausgewiesene Autorin eine wichtige Korrektur: Nicht der hellenistische und unbiblische Leib-Seele-Dualismus sei in das Christentum eingedrungen, sondern jede Religion der Antike habe einen Wandel durchgemacht von einer „naturalistischen" zu einer jenseitigen religiösen Hoffnung. Damit wird die Entwicklung zum Virginitätsideal als der jüdisch-christlichen Tradition immanent erklärt, hervorgerufen durch die Nähe der urchristlichen Erfahrung zum Lebensgefühl der jüdischen Apokalyptik. „This created a conflict between the biblical view of the goodness of physical creation ... and the alienated, world-fleeing view of redemption which expressed a pessimism about the world and its possibilities."[6] Das spätantike Lebensgefühl innerhalb des Christentums scheint also der eschatologischen Spannung im 7. Kapitel des 1. Korintherbriefs, wenn auch in veränderter Form, ihre Aktualität erhalten zu haben. Den Kirchenvätern gilt jedenfalls, wie die patristische Forschung schon seit langem weiß, die Verpflichtung zur Fortpflanzung der Menschheit als alttestamentlich und überholt. Dadurch erklärt sich ihre vielfach bezeugte Aktivität, Frauen für das Virginitätsideal zu gewinnen und von der Ehe abzuschrecken.

Dies alles zeigt sich im 4. Jahrhundert exemplarisch an dem Frauenkreis von Rom, dem sich Hieronymus anschloß. Hier erkennt man eine aufrichtige und tiefe spirituelle Gemeinschaft auf hohem kulturellen Niveau, eine Art „alternativen Lebens" mit Konsumverzicht und Abstand von der spätantiken Gesellschaft, ohne jede männlich-weibliche Hierarchie und mit gegenseitiger Verantwortlichkeit. Die Äußerungen des Bibelübersetzers Hieronymus über die griechischen und hebräischen Sprachkenntnisse dieser Frauen legen es nahe, daß nicht nur die Bibelkommentare, sondern auch die „Vulgata" durch eine Art team work zustande gekommen ist, zumal führende Mitglieder der Frauengruppe dem Hieronymus bei der Übersiedlung von Rom nach Bethlehem folgten[7]. Die Forderung der Feministischen Theologie nach einer „Matrologie" neben der

„Patrologie“ ist daher berechtigt, aber sie wird schwer zu erfüllen sein, da das literarische Wirken altchristlicher Frauen von den Zeitgenossen bewußt „verschleiert“ worden ist. Denn obwohl bekannt ist, daß Frauen als Autoritäten der Schrifterklärung nicht nur von Laien, sondern auch von Priestern und Bischöfen anerkannt waren – so z. B. die in Rom zurückbleibende Hieronymus-Schülerin Marcella –[8], wußte man durch den geschickten Kunstgriff allegorischer Bibelinterpretation die literarische Wirkung der Frauen zu unterbinden: das Pauluswort 1 Kor 11,5, daß die Frau nur verschleiert in der Gemeinde prophetisch reden dürfe, galt als Rechtfertigung dafür, der Christin das Bücherschreiben im eigenen Namen zu verwehren, da sie dazu des „Schleiers“ eines männlichen Schriftstellers bedürfe[9].

Hier setzt denn auch die berechtigte Klage der theologischen Frauenforschung ein, zumal die von Frauen geschriebenen gelehrten Episteln, die in den Antworten ihrer männlichen Briefpartner Hieronymus, Augustinus und anderer bezeugt sind, uns nicht erhalten geblieben sind, wie vieles andere, was das Unterfangen einer christlichen „Matrologie“ erschwert[10]. Als Ergebnis dieser Epoche konstatiert die feministische Forschung, daß die theologische Gelehrsamkeit von Frauen, die den Inhabern des öffentlichen kirchlichen Lehramtes sehr zugute kam, ihren Ausschluß von diesem nur noch besiegelte.

Es ist aber nicht die Festlegung der Frauen auf das Virginitätsideal, ohne das sie ihre menschliche Ebenbürtigkeit nicht behaupten konnten, was von der gegenwärtigen Frauenforschung als restriktiv angesehen wird. Vielmehr erkennt man an, daß durch die allgemeine Hochschätzung dieser Lebensform den Frauen noch eine andere Möglichkeit offenstand als die patriarchalische Ehe und daß sie aufgrund ihres Ansehens als Asketinnen auch beratende Funktionen ausüben konnten, die zuweilen von politischer Bedeutung waren. Als Tragödie besonders der gelehrten Frauen des 4. und 5. Jahrhunderts aber gilt, daß ihnen der berechtigte Platz in der kirchlichen Tradition verweigert wurde. „They were writers, thinkers, Scripture scholars, and innovators in the formation of monastic life, but because they were women they could have no public voice in the teaching Church here on earth.“[11]

Neben der theologischen Wirksamkeit altchristlicher Frauen interessiert die Frauenforschung das zeitgenössische Menschenbild und insbesondere die Vorstellung von der Frau[12]. Bei den vom Neuplatonismus beeinflußten Kirchenvätern wird übereinstimmend die anthropologische Lehre festgestellt, daß die Geschlechterdifferenz auf den Leib beschränkt ist, die menschliche Geistseele aber gottbildlich und an Struktur und Würde eine der andern gleich geschaffen ist. Daraus erklärt sich auch, daß bei den asketisch lebenden Menschen, die sich gleichsam aus dem Leibe zurückziehen und auf die Seele konzentrieren, die hierarchisch geprägte Geschlechterdifferenz zugunsten der seelischen Ebenbürtigkeit in den Hintergrund treten kann.

Gleichheit von Mann und Frau ist also nicht mehr wie bei Paulus als Implikation der christlichen Botschaft (Gal 3,28) verstanden, sondern nur als Frucht des asketischen Virginitätsideals erreichbar und damit auf eine Elite beschränkt. Die Gemeinsamkeit von Männern und Frauen im asketischen Leben wird jedoch nicht allein als individuelle Vervollkommnung gesehen, sondern hat geschichtstheologische Bedeutung: das Zeitalter der Virginität bringt die Geschichte als einen Prozeß zunehmender Spiritualisierung der Menschheit, als eine Entwicklung vom „Buchstaben“ zum „Geist“, erst allmählich zur Vollendung. An dieser sind Frauen ebenso beteiligt wie Männer[13]. Daran sieht man wiederum, daß auch für uns heute problematische Lehren ein positives Element für die Frau enthalten können.

Die negative Symbolik der weiblichen Natur, von den Kirchenvätern gerade dann verraten, wenn sie asketischen Frauen anerkennend bestätigen, ihre Weiblichkeit transzendiert zu haben und „männlich“ geworden zu sein, beruht auf einer Gleichsetzung von Weiblichkeit mit Fleisch,

Schwachheit, Unvollkommenheit, Sünde, wie sie in zeitgenössischen neuplatonischen, pythagoreischen und stoischen Denkmodellen ebenfalls zu finden ist. Die Art, wie diese negative Symbolik von dem für die spätere christliche Tradition vielleicht einflußreichsten Kirchenvater, Augustinus, gehandhabt wird, ist bisher von feministisch-theologischer Seite am gründlichsten untersucht worden[14]. Augustinus fordert jedes menschliche Individuum auf, das „Weibliche" in sich, nämlich das „Fleisch" und die „Begierden", zu besiegen und unter die Führung des „Mannes", nämlich der Geistseele, zu bringen. Er wendet sich ausdrücklich auch an Frauen, aufgrund des „Männlichen" in ihnen die „weiblichen Lüste" niederzuwerfen. Im Unterschied zu den meisten anderen Kirchenvätern jedoch wird diese Fähigkeit der Geistseele auch im weiblichen Individuum nicht nur den christlichen Jungfrauen und Witwen, sondern sogar den geistlich Lebenden unter den Ehefrauen zugeschrieben (De vera religione 78).[15] Damit erscheint die Aufhebung der Mann-Frau-Hierarchie in der Ehe denkbar, wenngleich für Augustinus die Herrschaft von Menschen über Menschen, die da, wo er als Theologe und nicht als neuplatonischer Philosoph spricht, für ihn nicht Schöpfungsordnung, sondern Folge der Sünde ist, erst mit dem Eschaton erlischt.

Der emanzipatorische Zug der augustinischen Theologie, den man heute mit Freuden feststellt, ist jedoch nicht derjenige, der auf die spätere Tradition eingewirkt hat. Wenn man die Geschichte der Rezeption von augustinischen Texten verfolgt, dann wirken diese wiederum wie ein negatives Florilegium. Auffassungen wie etwa die von der größeren Konformität des männlichen Körpers als des weiblichen mit der asexuellen Seele[16] haben Wirkungsgeschichte gemacht, wie die Studien über die mittelalterliche Theologie der Frau erweisen, emanzipatorische Ansätze bei Augustinus jedoch kaum. Vom Denkmodell einer innermenschlichen Mann-Frau-Spannung, wobei die Forderung nach Unterwerfung der „Frau" mit dem Vermeiden von Sünde identisch ist, kann der Schritt zur Unterwerfung der Frauen im sozialen Leben nicht weit sein. Weiblichkeit als anthropologisches Negativsymbol ist etwas, dessen Entstehung man sich im neutestamentlichen Kontext, jedenfalls was die Jesus-Traditionen betrifft, kaum vorstellen kann. Daß diese Symbolik sich im Christentum jahrhundertelang halten konnte, hängt zusammen mit einer bei östlichen Kirchenvätern anzutreffenden (und von westlichen korrigierten oder bekämpften) Meinung, die besagt, daß die Frau nur in Voraussicht des Sündenfalls geschaffen worden sei[17].

Die schon bei dem jüdischen Platoniker Philon v. Alexandrien im 1. Jahrhundert n. Chr. greifbare Identifizierung der Frau mit der Sinnlichkeit (aisthesis) und des Mannes mit dem Geist (nous)[18], die über die Kirchenväter an das Mittelalter weitergegeben wurde, wollte zwar niemals darüber hinwegtäuschen, daß jeder individuelle Mensch, ob Mann oder Frau, durch seine „männliche“ Geistseele zur Beherrschung seiner „weiblichen“ Naturseite aufgerufen sei, aber da der „Frau“ im Menschen die Tendenz zur „Verführung“ des „Mannes“, nämlich zur Unterwerfung der Geistseele (= Sünde), zugeschrieben wurde, mußte es zu psychologisch negativen Auswirkungen kommen, was die Identifizierung von Frauen mit ihrem Geschlecht betrifft. Der Anreiz zur Überwindung der „Weiblichkeit“ in einem asketischen Leben war also auch durch die negative Symbolik der weiblichen Natur gegeben.

Theologiegeschichtliche Frauenforschung kann diese belastenden und ungünstigen Denkschemata nur aufweisen, um einerseits zu zeigen, daß große Theologen ihnen nicht erlegen sind und andererseits Konklusionen aus ihnen als Verfälschung des Evangeliums zurückzuweisen. Diese Arbeit hat kaum erst begonnen. Wir können nicht umhin, unsere Tradition anzunehmen, wie sie ist, sie zu bejammern, führt nicht weiter, und sich von ihr loszusagen, widerspricht geschichtlichem Existieren. Man sollte dabei aber die Frage nicht ausschließen, ob die vor- und außerchristliche wie die christliche Männerwelt der Antike durch Erfahrungen (und nicht allein durch Verdrängungen und Projektionen) zu dieser belastenden Symbolik gekommen ist, zumal es auch in der vorchristlichen Antike Ansätze zu einem Menschenbild der Ebenbürtigkeit der Geschlechter gegeben hat[19].

Seltsamerweise steht ein weiteres großes Forschungsgebiet der Feministischen Theologie, die Beteiligung der Frau an der frühkirchlichen Ämterstruktur, noch nahezu unverbunden neben der Erforschung des zeitgenössischen Menschenbildes, obwohl gerade hier von einer Verklammerung beider Probleme viel Aufschluß zu erwarten wäre. Forschungsarbeiten zu Funktion und Amt der Frau in der Urkirche liegen nicht erst aus den letzten Jahren reichlich vor. Die feministisch-theologischen unterscheiden sich jedoch wesentlich von anderen historisch orientierten Arbeiten: Während letztere zwischen der von Paulus als „Diakon" bezeichneten Phöbe (Röm 16,1) und den späteren Diakonissen keine Beziehung sehen und den Höhepunkt des Frauenamtes erst im 3./4. Jahrhundert erblicken, den Frauen aber zu keiner Zeit mehr als die Funktionen der „niederen" Weihen zuschreiben[20], studiert die feministische Forschung diese Thematik von vornherein unter dem Gesichtspunkt der Verdrängung der Frau, da für sie Frauenapostolat und Frauendiakonat im Neuen Testament bezeugt sind[21] und die späteren Diakonissen im Vergleich dazu als belanglos gelten[22]. „Die charismatisch geordnete paulinische Gemeinde kennt ... in Mission und Gottesdienst keine Diskriminierung von Frauen. Im Gegenteil: die ‚Gründergeneration' rechnet fest mit weiblicher Teilnahme in den verschiedensten Bereichen, und zwar auch in verantwortlichen Funktionen. Die vom Apostel anerkannten Gemeindeverhältnisse, in denen zwischen praktischer und geistlicher Fürsorge nicht unterschieden wird und Hierarchien noch fehlen, setzen für Männer und Frauen, je nach geistigen und wirtschaftlichen Möglichkeiten, gleiche kirchliche Rechte voraus."[23]

Die im Neuen Testament (1 Tim 5,3–16) bezeugte Funktion der Witwen in der Gemeinde, „Seelsorge unter den Frauen in deren Wohnungen, verbunden mit diakonischen karitativen Diensten" und Gebetsdienst, wird als eine „eigenständige Form weiblichen Presbyterates" gedeutet, die bei „Erstarken des monarchischen Episkopats" gedrosselt wurde. Eine Stütze findet diese Auffassung darin, daß das Konzil von Laodicea im Jahr 343 bestimmt hat, daß Frauen „nicht mehr als Älteste (presbyterae) in der Kirche eingesetzt werden" sollen[24].

Ein großer Vorwurf der Feministischen Theologie gegen bisherige historische Erforschung der Funktionen bzw. „Ämter" der Frauen in der urchristlichen Geschichte lautet, daß spätere Ämterstrukturen in den Ursprung hineinprojiziert werden, weil man ein ursprüngliches Gleichgewicht an Männern und Frauen von vornherein ausschließt. Deshalb wird das Diakonissenamt, das sich erst nach dem Rückgang des Witwenamtes voll entwickelte und bis nach der Jahrtausendwende erhalten blieb, als Höhepunkt altkirchlicher Frauenaktivität dargestellt. Für die Feministische Theologie ist dieses Amt dagegen eine Begrenzung der Wirksamkeit der Frau und besiegelt ihre hierarchische Einordnung auf niederer Stufe zwischen dem männlichen Diakon und dem Subdiakon. Insofern hat also auch nach dieser Konzeption „Diakon" Phoebe in der paulinischen Gemeinde mit den späteren Diakonissen nichts zu tun, nur gilt der Satz jeweils unter umgekehrten Vorzeichen.

Die seit langem bekannte Tatsache, daß die von der Großkirche verschiedenen christlichen Gemeinden, ob Montanisten oder Gnostiker, das Frauenamt anerkannten, hat die feministisch-theologische Forschung auf ein weites Feld literarhistorischer Arbeit gelenkt, obwohl auch dieses vor ihrem Einsetzen nicht unbeackert war: eben das Schrifttum jener häretischen Gruppen, in denen nicht nur das Frauenamt bezeugt, sondern auch mit Frauen als Autoren apokrypher Evangelien und Apostelberichte zu rechnen ist. Hier stößt man auf eine noch gesteigerte Paradoxie: einerseits ist wegen der gnostischen Entfremdung gegenüber allem Materiellen und Leiblichen die weibliche Natur wesentlich mehr suspekt als in der Großkirche, andererseits aber sind den Möglichkeiten, das „Weibliche“ zu transzendieren, wegen voller Eingliederung der Frauen in die Ämterstruktur (in einigen Gruppen) keinerlei Grenzen gesetzt[25].

Die Feministische Theologie ist daran interessiert zu erkennen, wieweit seit neutestamentlicher Zeit die Zurückdrängung der Frau nicht allein dem Überhandnehmen patriarchalischer Strukturen anzulasten ist, sondern auch aus dem Kampf gegen häretische Gruppen ihre Erklärung findet. Wenn Kirchen- und Konzilsväter in ihrer Theorie und Praxis im Zuge der Reinerhaltung der Lehre die Frauen zurückdrängen[26], wenn die ethisch-religiöse Forderung nach dem „Mannwerden“ der Frau durch die asketische Lebensform ihre Entsprechung auf sozialer Ebene in der Vermännlichung der kirchlichen Leitungsgewalt findet, dann ist zumindest ein Ausgangspunkt gegeben, um die im antihäretischen Kampf entstandene rein männliche Tradition des Amtes in Frage zu stellen. Daß die frühchristliche Kirche in der Konfrontation mit der Gnosis vor einer äußerst schwierigen, aber gerade im Hinblick auf die Glaubenslehre von Gottes guter Schöpfung unbedingt notwendigen Aufgabe stand, bezweifelt niemand, der Irenaeus von Lyon oder gnostisches Schrifttum gelesen hat.

Eine Zurückdrängung der Frauen als Neben- oder Fehlprodukt dieser bis in die Substanz des christlichen Glaubens gehenden Auseinandersetzung mit leibfeindlichen Strömungen seit neutestamentlichen Zeiten ist jedenfalls denkbar und läßt die Frage nach dem mutmaßlichen Antifeminismus der Kirchenväter als vielschichtig erscheinen, so daß sie nicht vorschnell zu beantworten ist. Daß frühchristliche Frauenaktivität im Kloster landete, ist eine heute vielfach bedauerte geschichtliche Tatsache[27]. Daß sie sich auch im Kloster nicht unterdrücken ließ, lehrt uns die Frauengeschichte des Mittelalters.

5. KAPITEL

# Die scholastische Theorie der doppelten Unterwerfung und die Emanzipationsmöglichkeiten der Frau im Mittelalter

Frauenforschung in der Mediaevistik ist älter als der neue Feminismus und die Befreiungsbewegungen. Sie entstand, als Frauen in die historische Erforschung von Scholastik und Mystik hineingewachsen waren und mit dem Gefühl der Betroffenheit registrierten, was die Quellen über ihr eigenes Geschlecht zu sagen wissen. Man versuchte zunächst mit den Mitteln historischen Verstehens das Menschenbild jener Epoche nachzuzeichnen, ohne durch das Bestreben nach Veränderungen in der Gegenwart zu solchen Studien unmittelbar veranlaßt worden zu sein[1]. Dennoch unterscheiden sich auch die frühen Arbeiten von Frauen von dem schon seit Jahrzehnten kontinuierlich entstehenden Schrifttum männlicher Autoren etwa über das Frauenbild bei Thomas von Aquin. Die Frauenforschung ist darauf bedacht, die Voraussetzungen zu prüfen, auf denen scholastische Konklusionen über das Mann–Frau-Verhältnis oder die Natur der Frau beruhen, und wenn erstere sich als falsch erweisen, die Ungültigkeit der letzteren zu proklamieren und der Wirkungsgeschichte dieser Lehren nachzugehen, um sie zu entlarven.

Die Thematik theologischer Frauenforschung zum Mittelalter ist breit, und die Arbeit steht noch in den Anfängen. Nicht nur das Vorstellungsbild von der Frau in Kanonistik und Scholastik ist zu prüfen, wo weibliche Autoren nahezu fehlen, da Frauen an den mittelalterlichen Universitäten nicht zugelassen waren, sondern auch die geistliche Dichtung von Frauen, sowie ihre Selbsterfahrung und -darstellung in der Mystik. Hinzu kommt die praktische Seite, das religiöse Leben und die Entfaltungsmöglichkeit der Frauen in den verschiedenen Orden, als Beginen, in häretischen Gruppen, sowie die Auswirkung der Mariologie[2] auf das Leben der Frauen und die Reflexion weiblicher Erfahrungen in der Volksfrömmigkeit. Ein wichtiges Thema ist zudem der eher positive als negative Symbolwert des Weiblichen in theologisch-philosophischen Allegorien des Mittelalters. Die Forschung ist jedoch noch weit entfernt von einem Überblick aller dieser Bereiche.

Ob die (mehr als Arbeitshypothese) geäußerte Feststellung von Eleanor McLaughin, das Frauenbild des Thomas v. Aquin sei im Vergleich zur Patristik „more androcentric and less misogynist“[3] sich für diesen bzw. für die ganze Scholastik bestätigen wird, bleibt noch dahingestellt. Jedoch anerkennt diese Autorin die Möglichkeit, daß auch das Mittelalter einen Beitrag zu einer neuen und befreienden christlichen Anthropologie leisten kann, und zwar nicht nur auf dem zuvor gekennzeichneten negativen Wege, indem man die Nachwirkung von zeitgeschichtlich bedingten Irrtümern zu bekämpfen versucht, sondern auch positiv. Als befreiendes Element in der mittelalterlichen Theologie der Geschlechter wird wiederum die für Mann und Frau gleiche Sexualmoral geltend gemacht, vor allem aber die wenigstens theoretisch immer festgehaltene spirituelle „Chancengleichheit“ aller menschlichen Personen[4], die im Falle weiblicher Heiliger die „naturhafte Schwäche“ vollkommen kompensieren und zu großer persönlicher Autorität mit geistlichem und politischem Einfluß führen konnte (Hildegard v. Bingen, Katharina v. Siena). Deshalb sind gerade die Heiligenviten zu einem Gegenstand theologischer Frauenforschung geworden, denn sie zeigen bei mittelalterlichen Frauen[5] einen hohen Grad menschlicher Integration, da sie nicht nur gütig sind, sondern auch scharfe Kritik an Männern üben und diesen gegenüber, ungeachtet ihrer Stellung in der kirchlichen Hierarchie, Autorität zu beanspruchen sich nicht scheuen. Man darf sich jedoch nicht wundern, wenn in den schriftlichen Dokumenten dieser Frauen, soweit überliefert, die negative Symbolik der weiblichen Natur beschworen wird. Hildegard v. Bingen spricht in ihrer Zeitkritik von „weibischen Zeiten“ und bezeichnet sich selbst als armseliges Weib, aber auch als einfältigen Menschen[6]. Dennoch hat sie nichts mit dem zu tun, was man heute unter einer „man-identified woman“ versteht. Denn einmal müssen sich mittelalterliche Frauen der Sprache bedienen, die in ihrer Zeit verstanden wird, und zum andern benutzen sie, was die eigene Person betrifft, nicht anders als bei männlichen Autoren üblich, so manchen Bescheidenheitstopos.

Das 12. und 13. Jahrhundert als Zeitalter der Systematisierung kanonistischer und theologischer Lehre wird ungeachtet aller Frauenaktivität in der zeitgenössischen Kirche als eine Epoche der Festschreibung von Geschlechterstereotypen und Rechtfertigung der Mann–Frau-Hierarchie dargestellt, was sicher seine Berechtigung hat. Jedoch zeigt sich bei Detailstudien, wie verschieden das Frauenbild in Früh- und Hochscholastik[7] und innerhalb der letzteren wiederum zwischen der dominikanischen und der franziskanischen Tradition sein kann.

Da das Kirchenrecht (mit dem Dekretbuch Gratians um 1140) früher einer sammelnden Systematisierung unterliegt als die Theologie und auf diese eingewirkt hat, sei zunächst ein Ergebnis kirchenrechtshistorischer Frauenforschung vorgestellt: Es handelt sich um die engagierte Arbeit von Ida Raming, „Der Ausschluß der Frau vom priesterlichen Amt – Gottgewollte Tradition oder Diskriminierung?“ (1973), die, wie der Titel sagt, durch ein Gegenwartsproblem inspiriert ist[8]. Hier werden die Quellen vorgeführt, ohne welche das heute gültige Kirchenrecht mit seinen Bestimmungen über die Frau nicht denkbar ist. Es wird nachgewiesen, daß von den restriktiven Bestimmungen des im Corpus iuris Canonici enthaltenen Dekretbuchs Gratians manches auf (von ihm für echt gehaltenen) Fälschungen beruht (Pseudo-Isidorische Sammlung), manches dagegen auf (ebenfalls für echt gehaltenen) Pseudo-Augustinus- und

Pseudo-Ambrosius-Stellen. Letzteres ist der Fall bei der folgenschweren Paulus-Interpretation, welche der Frau die Gottbildlichkeit abspricht. Gratian glaubt es hier mit einem Wort von Augustinus zu tun zu haben und fühlt sich sicher mit seiner Auswertung des Satzes „Die Frau muß ihr Haupt verschleiern, weil sie nicht Bild Gottes ist" im Sinne der Rechtsbeschränkung für Frauen in der Kirche[9].

Um den Traditionsbeweis für die kirchenrechtlichen Bestimmungen über die Frau ist es also nicht gerade gut bestellt, zumal auch sonst im Werk Gratians wie in den späteren mittelalterlichen Rechtsquellen vorwiegend die negativen Aussagen über die Frau aus der Patristik zur Geltung kommen; braucht man sie doch, um Restriktionen und kaum um positive Rechte der Frau zu begründen. Man kann aus dem Einblick in die Quellen geradezu den Eindruck gewinnen, daß die zunehmende Stärke der ohne die Frau auskommenden kirchlichen Rechtstradition im umgekehrten Verhältnis zu ihrer Verläßlichkeit steht, und das nicht nur wegen irrtümlicher Kirchenväter- und Konzilsautoritäten, sondern auch, weil die zeitgenössische patriarchalische Schriftexegese nichts anderes als eine Bestätigung des status quo ergeben konnte.

Dies bedeutet jedoch nicht, daß man sich über die auf diese Weise „gewachsenen" Traditionen heute ohne weiteres hinwegsetzen könnte. Man braucht Abstand von ihnen, um sie zu verarbeiten und dann erst die richtigen Konsequenzen zu ziehen. Gegenwärtig sind wir im Stadium des Kennenlernens und Bewußtwerdens dieser Traditionen. In streitbarem Ton hört sich das bei Clara Maria Henning so an: „The Law of the Church is designed to elevate one group at the expense of another: women are sacrificed as human beings to elevate priests to the status of sanctified beings ... In that men wrote for men, and then celibates for celibates, women were written out of the organization of the Church and out of the sanctuary"[10]. Es ist aber die Frage, ob diese Art von Bewußtmachen der Traditionen dazu geeignet ist, die heutigen Verantwortlichen in den kirchlichen

Ämtern einzuladen, mit Frauen gemeinsam das überkommene Erbe zu bedenken und Stellung dazu zu nehmen.

Die kirchenrechtliche Tradition scheint jedoch mehr als die mittelalterliche Theologie an Einseitigkeiten zu leiden. Denn in den systematisierenden Werken des 13. Jahrhunderts, den theologischen Summen und den Kommentaren zu den Sentenzen des Petrus Lombardus, findet die heutige theologiegeschichtliche Forschung eindeutig ein Spannungsverhältnis vor zwischen Ebenbürtigkeit und Hierarchie der Geschlechter. Zwar ist bis jetzt wenig Endgültiges zu sagen, da eine große Arbeit noch aussteht, nämlich die genaue Prüfung des Menschenbildes in den mittelalterlichen Bibelkommentaren, wo aufgrund der Exegese nach dem vierfachen Schriftsinn sicher noch manches Überraschende zu erwarten ist, das die zeitgenössische Gesellschaftsordnung hinter sich läßt.

Was die Summen und die Sentenzenkommentare als die typische Form mittelalterlicher (wenn auch untereinander sehr verschiedener) Systembildungen betrifft, so scheinen sie darin übereinzustimmen, daß „der Unterschied der Geschlechter im körperlichen, vor allem im sexuellen Bereich gesehen (wurde), und seelische Differenzen galten als sekundär, durch die körperlichen verursacht, für den Mann von positiver, für die Frau von rein negativer Art“.[11] Die patriarchalische Interpretation der biblischen Stellen über die Frau wurde nicht nur in das theologische System integriert und dadurch gleichsam sanktioniert, sondern sie radikalisierte sich noch, weil man die Bibel im Lichte philosophischer Denkkategorien las (Neuplatonismus, Aristotelismus). Ein neuplatonisch gefärbter Augustinustext zur biblischen Schöpfungslehre, der im Mittelalter zitiert und ausgewertet wurde, lautet:

> „Gottes Vorsehung unterwarf sich am Anfang alles (Geschaffene), dann (unterwarf sie) die körperliche Kreatur der spirituellen, die irrationale der rationalen, die irdische der himmlischen, die weibliche der männlichen, die weniger wertvolle der wertvolleren, die bedürftigere der reicheren.“[12]

Umso erstaunlicher ist es, daß bei einer solchen Voraussetzung der Schöpfung als einer hierarchisch gestuften die Frau in ihrem Vollkommenheitsstreben nicht nur keinen Einschränkungen unterworfen, ja daß sie nach Ansicht der führenden Theologen des Hochmittelalters dem Mann in dieser Hinsicht ebenbürtig ist bzw. überlegen sein kann. Aber diese Möglichkeit bleibt im allgemeinen gebunden an das asketische Ideal, denn in der Lebensform des Ordensstandes verhält die Frau sich unmittelbar zu Gott, und die Hierarchie des Mannes fällt fort. Allerdings ergeben sich daraus keine Konsequenzen für das soziale Leben: die individuelle Autonomie der Frau gehört in den Privatbereich. Daher wird kein Priestertum, wohl aber das Charisma der Prophetie bei der Frau anerkannt, das in ihr zwar ebenso machtvoll wie im Mann wirken, aber nur zu einer privaten Lehrtätigkeit berechtigen kann.

Manche Autoren der Hochscholastik nehmen für die allgemeine Lebensform der Frau in der Ehe nicht nur eine Überordnung des Mannes nach der Schöpfungsordnung an, eine „sanfte" sozusagen, in der die Reverenz der Frau vor dem Mann von diesem durch eine Art „Liebespatriarchalismus" beantwortet wird, sondern zusätzlich noch eine härtere, die auf das Konto der Erbsündenfolgen geht und eine strenge Gehorsamsforderung des Mannes an die Frau legitimiert. Andere Autoren rechnen mit einer Verschärfung der schöpfungsmäßigen Unterordnung der Frau durch den Sündenfall.

Aus dieser zweifachen Unterordnung folgt, daß nicht nur im häuslichen Bereich, sondern auch über diesen hinaus die menschlichen Beziehungen der Frau durch den Mann vermittelt sind. Aber dennoch taucht auch hier die Spannung von Gleichheit und Unterordnung auf: In der ehelichen Pflicht, Kindern das Leben zu schenken, stehen Mann und Frau einander gleich und sollen sich unmittelbar dem Schöpfer verantwortlich wissen.

Obwohl die kirchliche Rechtstradition aus praktischen Gründen bis zur Bestreitung der weiblichen Gottbildlichkeit geht, haben die führenden scholastischen Theologen eine wesentlich andere Meinung. Berücksichtigt man, daß für sie die Erschaffung des Menschen nach dem Bilde Gottes die Würde der Person ausmacht, augustinisch gesprochen, die Fähigkeit, in der eigenen Seelenstruktur das Bild des dreifaltigen Gottes zu erkennen, und daß Gotteserkenntnis der höchste Wert im mittelalterlichen Weltbild war[13], so ist es nicht ohne Bedeutung, wenn die Theologie es für selbstverständlich hält, daß es hier keinen Unterschied zwischen den Geschlechtern gibt, und dies nicht nur für die als Vollendete geltenden, sondern für alle Menschen. In einer sekundären Funktion allerdings überstrahlt nach der mittelalterlichen Theologie der Mann als Bild Gottes die Frau, da nur er aufgrund seiner Aktivität und Autorität Gott in seinem Verhältnis zur Schöpfung repräsentieren kann. Auf diese Weise wird versucht, eine Harmonie herzustellen zwischen den Bibelstellen Gen 1,27 und 1 Kor 11,7. So sind auch hier Gleichheitsdenken und hierarchisches Schema beteiligt, weshalb die Feministische Theologie häufig die theologische Anthropologie des Mittelalters als ambivalent bezeichnet[14].

Heftigen Angriffen ist das mittelalterliche Menschenbild zuweilen ausgesetzt wegen der von den meisten Theologen rezipierten Lehre des Aristoteles, die Frau sei ein „mißglückter Mann" oder wie immer man die umstrittene Stelle übersetzen will. Da sich diese Lehre allein auf überholte biologische Auffassungen gründet[15], die den Beitrag der Frau zur Entstehung eines Kindes noch nicht kannten, sollte man die daraus abgeleiteten Folgerungen im Sinne der Passivität der Frau deutlich als einen zeitbedingten Irrtum kennzeichnen, ohne deshalb die betreffenden Theologen, die sich an der sonst für den wissenschaftlichen und methodischen Fortschritt sehr günstigen Aristoteles-Rezeption beteiligten, allzusehr zu diskriminieren. Wichtiger ist, daß die führenden Scholastiker gegen gnostische und manichäische Tendenzen daran festgehalten haben, daß zur eschatologischen Vollendung das Menschsein nicht nur im

„vollkommeneren", sondern in beiden Geschlechtern gehört, da die Verschiedenheit der Geschlechter, so sagt es Thomas v. Aquin deutlich, die Vollendung der menschlichen Natur ausmacht. Die Lehre von der Frau als „mißglücktem Mann" ist also, im Kontext des gesamten Systems gesehen, nicht nur neutralisiert, sondern aufgehoben, was jedoch ihren Mißbrauch in der Folgezeit nicht ausschließt.

Die seltsame Verwobenheit von Gleichheitsdenken und Hierarchiemodell, die für den heutigen Leser undurchsichtig ist und das Urteil der Ambivalenz heraufbeschworen hat, ist jedoch nicht zuletzt auch durch einen ständigen Prozeß der Kritik bedingt. Denn nicht erst die heutige Generation an der Geschichte des Frauenbildes interessierter Forscher steht kritisch zur Tradition, sondern diese selbst übt dauernd Kritik. Sie hütet sich bei der Übernahme antiker Denkformen und Begriffe davor, das christliche Menschenbild im antiken aufgehen zu lassen, und wehrt sich zugleich gegen das negative Vorstellungsbild von der Frau in den dualistischen häretischen Auffassungen des Mittelalters. So kann man – bei allen diskriminierenden Einzelaussagen über das weibliche Geschlecht – nicht umhin, die in verschiedenen Bereichen durchgehaltene Spannung von Ebenbürtigkeit und Hierarchie der Geschlechter, aufs Ganze gesehen, als ein progressives Element in der Tradition einzustufen.

Neu sind die Ergebnisse der Feministischen Theologie zum Thema Frau und Häresie im Mittelalter. Im Gegensatz sowohl zur geistesgeschichtlichen wie zur marxistischen Forschung kommt es hier zu der vielleicht überraschenden Einsicht, daß die mittelalterliche Frau in mancher Hinsicht in der Großkirche besser aufgehoben war als in den häretischen Gruppen[16]. Was zunächst eingeschränkt wird, ist die bisherige Annahme von einer großen, wenn nicht überwiegenden Zahl der Frauen in den mittelalterlichen Häresien. Es wird gezeigt, daß zu dieser Annahme kaum die von den häretischen Gruppen vorliegenden Quellen berechtigen, sondern daß eher die zeitgenössische Sektenbeschreibung kirchlicher Schriftsteller durch häufige Hinweise auf die geringe geistige und moralische Kompetenz der Frauen, die sie für Häretiker und Häresien besonders anfällig mache, zu einer Überschätzung weiblicher Mitgliedschaft in den Häresien geführt haben kann. Gegen die bisherige Forschung wird behauptet, „daß, wo orthodoxe Betätigungs- und Entfaltungsmöglichkeiten für die Sprituālität vorhanden waren, die Frauen mehr innerhalb der Kirche als in häretischen Konventikeln zu finden waren.“[17]

Vor allem aber richtet sich die Korrektur der theologischen Frauenforschung gegen die Annahme, der dualistische Glaube der Katharer habe der Frau Freiheit geschenkt „in seiner Definition des vollkommenen Menschen als reiner Seele, jenseits aller geschlechtlichen Verschiedenheit von Mann und Frau, die vom Teufel geschaffen worden sei.“[18] Abgesehen davon, daß ein solches leibfeindliches Menschenbild kaum jemals befreiend wirken kann, wird nun der Mythos der Katharer in seinen dualistischen Abweichungen von der Bibel genauer untersucht: Eva, die Frau, hat die Hauptrolle bei der Erschaffung der bösen Welt der Materie. Frauen können nur gerettet werden „als Mitglied der Katharersekte, als das sie beim Tod in einen Mann verwandelt“ werden[19]. Man versteht nun erst recht, wie wichtig es ist, daß die scholastischen Theologen mit Vehemenz betonen, die eschatologische Vollendung der Menschheit umfasse beide Geschlechter. Die Diskriminierung von Zeugung und Sexualität in dieser großen häretischen Bewegung des Mittelalters[20] nimmt also solche Ausmaße an, daß einem im Vergleich dazu die katholische Schöpfungs- wie Eheauffassung des Mittelalters als die „reine Lehre“ erscheint. Es ist daher auch nicht verwunderlich, daß bei einer solchen materiefeindlichen Mythologie die anfängliche Beteiligung der Frau an der Leitung der Katharergemeinde bald rückgängig gemacht wurde und das dreigliedrige Weiheamt (Episkopat, Presbyterat, Diakonat) Männern vorbehalten blieb.

Ähnliches gilt – mit Ausnahme der gnostischen Lehre –

auch für die andere große häretische Bewegung des Mittelalters, die Waldenser. Die anfängliche Beteiligung der Frau an der Verwaltung der Sakramente und an der Lehre beruhte auf der Leugnung einer dazu erforderlichen Ordination, bis auch die Waldenser sich klerikalisierten und ihre ebenfalls dreistufige Ämterfolge den Männern vorbehielten.

Weil die häretischen Bewegungen jetzt erstmals unter dem Gesichtspunkt der Geschichte der Frau untersucht und die Quellen so aufs neue befragt werden, sind Erkenntnisse möglich geworden, die durchaus moderierend wirken. Die Frauenforschung ist darum bemüht, ohne jede Übertragung von heutigem weiblichem Selbstbewußtsein auf frühere Epochen zu erfassen, was es bedeutete, unter den historischen Bedingungen etwa des 13. Jahrhunderts eine Frau zu sein, ob als Dienstmagd, Mutter, Klosterfrau, Mystikerin[21], Äbtissin[22] oder Fürstin.

Dafür ist es nicht ohne Bedeutung, welche Rolle die Frau im utopischen Denken jener Zeit spielt. Was bedeutete es etwa, wenn im Gefolge der auf Joachim von Fiore zurückgehenden Bestrebungen nach einer Kirche des Heiligen Geistes als Gegenbild zur existierenden kirchlichen Hierarchie die Utopie einer Zukunftskirche entstand, in der weibliche Kardinäle und ein weiblicher Papst die Sophia Gottes repräsentieren[23]? Spricht sich hier die Frustration von Frauen und eine tiefe Unzufriedenheit mit den bestehenden kirchlichen Verhältnissen aus, oder traut man weiblichen Kräften eine endgültige und nicht mehr veraltende Erneuerung zu, die jenseits aller enttäuschten Reformhoffnungen liegt[24]? Es wäre zu prüfen, welcher – reale oder symbolische – Stellenwert der Frau in jener nicht nur am Rande der Häresie stehenden, sondern auch orthodoxen mittelalterlichen Geschichtstheologie zukommt, die von der pneumatischen Kirche der Zukunft eine neue Heilsordnung auch im Sinne einer religiösen Gesellschaftsordnung erwartet.

6. KAPITEL

# Frauenverfolgung und Frauenbefreiung – die religiös motivierte Geschichte der Frau in der frühen Neuzeit

Für die ersten Jahrhunderte der Neuzeit hat sich die theologische Frauenforschung auf drei untereinander sehr verschiedene Themenkreise konzentriert, die inhaltlich aber doch zusammengehören: die Hexenverfolgung, das Bild der Frau mitsamt den sozialen wie religiösen Veränderungen des Frauenlebens in der Reformation und die expansive Frauenaktivität in der gegenreformatorischen Kirche.

Das erste dieser Themen, ein wesentliches Gebiet der Studien wie der Bewußtseinsbildung des allgemeinen Feminismus[1], hat die Feministische Theologie aufgegriffen, da sie sich besonders für die hier entstehenden Fragen und Probleme verantwortlich weiß[2]. Die als Hexenverfolgung bekannte, jahrhundertelang andauernde Vernichtung von Frauen, die im Zusammenhang mit der Häretikerverfolgung zwar schon im Mittelalter beginnt, aber erst Ende des 15. Jahrhunderts durch den berüchtigten „Hexenhammer" (1486) und die päpstliche Bulle „Summis desiderantes affectibus" (1484) umfassend legitimiert wurde, fand ihren Höhepunkt im 17. Jahrhundert und scheint nach Ausweis der Quellen etwa 500000 bis eine Million Frauen das Leben gekostet zu haben[3], bei der damaligen geringen Bevölkerungsdichte eine ungeheuer große Zahl. Der vom Feminismus als Frauenverfolgung gekennzeichnete Hexenwahn verunsicherte die weiblichen Mitglieder sowohl der katholischen wie der reformatorischen Kirchen jahrhundertelang. „Nachdem die protestantischen Kämpfer in einige Gebiete vorgerückt waren, ... ging den Gegenoffensiven der Jesuiten die Vertreibung der Führer des rivalisierenden Glaubens und die Verfolgung der Hexen voraus. Die Calvinisten und Lutheraner traten vehement für die mittelalterliche Vorstellung vom Teufel und seinen Kohorten ein und betrachteten die Hexen als Papisten, während für die Katholiken der Protestantismus traditionell mit den Hexen und Abtrünnigen identifiziert wurde."[4] Frauen sind auf allen Seiten die Leidtragenden in den Wirren der Zeit.

Feminismus und Feministische Theologie unterscheiden sich beim Studium und bei der Beurteilung der Hexenverfolgung weniger als bei anderen Themen der jüdisch-christlichen Geschichte. Sie beschäftigen sich beide mit den gleichen Problemen: einer Analyse der kirchlichen Dokumente zur Hexenverfolgung, ihrem äußeren Verlauf, wie er sich in den Prozessakten darbietet, und den Gründen für das Entstehen dieser furchtbaren Erscheinung, die daraus abgeleitet werden können. Vor allem aber interessiert die Frage: Wer sind die verfolgten Frauen, und wer sind ihre Verfolger? Ein weiteres, nicht weniger beachtetes Thema ist die Art und Weise des Berichtens männlicher Geschichtsschreiber der Gegenwart über diese Ereignisse sowie das Aufspüren von verbliebenen Resten einer witch-hunter-Mentalität in heutiger Zeit.

Es braucht kaum gesagt zu werden, daß die soliden Veröffentlichungen des Feminismus nicht allein die „Sexualfeindlichkeit des Christentums" oder das „christliche Bild der Frau als Sünderin und Verführerin des Mannes" für die frühneuzeitliche Frauenverfolgung verantwortlich machen, sondern daß sie auch an die sozialen und ökonomischen Probleme denken, die sich aus dem Frauenüberschuß seit dem Ende des Mittelalters ergaben[5].

Um einen pointiert-feministischen Standpunkt zur Hexenverfolgung kennenzulernen, ist das Kapitel „European Witch-burnings: Purifying the Body of Christ" in Mary Dalys drittem Buch „Gyn/Ecology. The Metaethics of Radical Feminism" (1978) besonders geeignet[6]. Die Autorin, die sich in diesem literarisch-philosophischen Werk der Kritik patriarchalischer Misogynie von ihrer christlichen Herkunft noch weiter zu entfernen versucht, ohne aufzuhören, an ihr zu leiden, ist objektiv genug, um auch die als liberal bekannten Philosophen unter den Zeitgenossen der Hexenverfolger wie Bacon, Grotius oder Descartes zur Verantwortung zu ziehen, weil sie keinen Widerstand leisteten, sie weist sogar bei Jean Bodin auf ausdrückliche Befürwortung von Hexenprozessen hin[7].

Die zahlreichen Auflagen und die schnelle Verbreitung des „Hexenhammer“ durch die eben erfundene Druckerpresse gibt Mary Daly auch bei diesem Thema Gelegenheit zur Fortschrittskritik. Daß gerade die fortschrittsfreudigen Geister der Renaissance sich in ein inhumanes Schweigen hüllen und daß die hohe Gelehrsamkeit und das kulturelle Niveau der Hexenverfolger in den Quellen besonders betont werden, scheint ihr für eine geheime „gynocidal fraternity“ zu sprechen, die dieses Ausmaß an Frauenverfolgung allein erklären kann.

Für Mary Daly sind es die außergewöhnlichen Frauen, die sich in die Gesellschaftsordnung ihrer Zeit nicht ohne weiteres einfügen ließen, die vielleicht die Ehe zurückgewiesen oder „überlebt“ hatten, die intellektuell Unabhängigen, denen diese Verfolgung besonders zusetzte, sofern es sich nicht um Denunziationsopfer handelte. „The intent was to break down and destroy strong women, to dis-member and kill the Goddess, the divine spark of be-ing in women“[8].

In der Verschärfung der Gesetzgebung im späteren 16. Jahrhundert, als die Verfolgung von den „bösen“ auch auf die „guten“ Hexen, also die heilkundigen Frauen, ausgedehnt wurde, sieht Mary Daly den Beweis für ihre These, daß man die Unabhängigkeit, Stärke, Weisheit und Erfahrung von Frauen treffen wollte, die sich außerhalb des akademischen Bereiches mit Geburtshilfe und Arzneien beschäftigten. In einer Zeit, als Frauen der Oberschicht im Italien der Hochrenaissance als akademisch approbierte Ärztinnen wirken konnten, als sie sogar vereinzelt an Universitäten dozierten und gelehrte gynäkologische Abhandlungen verfaßten[9], scheint ihren ärmeren und auf volkstümliche Traditionen wie eigenes Experimentieren angewiesenen Schwestern mit Folter und Todesstrafe das Handwerk gelegt worden zu sein, worin Mary Daly mit dem Feminismus einen Einbruch in eine von alters her weibliche Domäne sieht: Weise Frauen, die den einfachen Leuten halfen, wurden nicht geduldet, ihre Heilkraft, die vielleicht auf vorchristliche Traditionen zurückging, als „teuflisch" denunziert. Der Feminismus deutet dies als den Ausschluß der Frau von der neu aufkommenden männlichen Ärzteklasse.

Den Konnex von Opfern der Verfolgung und Verfolgern, die sich als Söhne und Sachwalter des christlichen Gottes wissen, beschreibt Mary Daly zynisch als „Säuberung des Leibes Christi von den ihm schädlichen Gliedern". Sie vertritt den Standpunkt, daß der „christliche Mythos" mit seiner „Christolatrie" es ist, der weibliche Unabhängigkeit als Reminiszenz vorchristlicher matriarchaler Überlieferungen nicht dulden kann[10]. Mit dieser Fixierung reagiert die ehemals katholische feministische Theologin schärfer gegen das Christentum als der von vornherein nichtchristliche Feminismus. Sie identifiziert sich intensiv mit den (für sie nicht vergangenen) Leiden der Frauen, was besonders an der mitfühlenden Darstellung psychologischer Deformierung zu erkennen ist. Den Mißbrauch von Kindern zur Denunzierung ihrer Mütter und Großmütter sieht sie im Zusammenhang eines perfekt funktionierenden patriarchalischen Systems:

> „For a daughter to remember seeing her mother burned was one thing. To remember all her life that she had been used to accuse and condemn her mother to death, that she had in effect committed matricide, would have meant carrying a burden of self-loathing that is almost unimaginable. Such children would have branded this self-hatred upon their daughters and upon generations that followed. Thus the presence of young girls both as helpless „observers" at the burnings and as legal witnesses at the trials may effectively have perpetuated the lesson of the witchcraze down through the centuries into this, our 'own' time."[11]

Daß der Hexenwahn nicht der Vergangenheit angehört, ist für Mary Daly evident durch einen Blick in die „wissenschaftliche“ Literatur der Gegenwart. Wenn ein Historiker der Hexenverfolgungen schreiben kann, daß es sich bei den zahlreichen unverheirateten Frauen unter den Opfern um eine zu jener Zeit sozial „unverdauliche“ Gruppe gehandelt habe, weil ihr die patriarchalische Kontrolle fehlte, und insofern kleineren Prozessen eine „therapeutische“ Funktion zubilligt, ja sich auf die Übereinstimmung des damaligen mit dem gegenwärtigen Vorstellungsbild von der Hexe beruft (our common picture of the witch as an ugly hag), dann sieht sie darin Zeichen einer Omnipraesenz jenes „Mordes an der Göttin“, in dem die Mythen den Übergang von matriarchalen zu patriarchalen Religionen spiegeln. Ihr entgeht auch nicht die makabre Versicherung der „modernity of the book“ im Vorwort einer Edition des „Hexenhammer“ von 1948. Mary Daly benennt Derartiges als Komplizenschaft im Gynozid, die sich jedoch auch durch Schweigen äußern könne, nämlich durch Verschweigen oder Herabspielen des vollen Ausmaßes der Hexenverfolgungen in der Geschichtsschreibung.

Ähnlich geht sie mit zeitgenössischen psychoanalytischen Deutungen des Hexenwahns ins Gericht. Wenn darin von „Zwangsneurosen“, „Sexualphantasien“ und „schweren emotionalen Störungen“ der als Hexen verfolgten Frauen die Rede ist, wie sie heute ebenso vorkommen, ohne daß die Tatsache beachtet wird, daß die „Geständnisse“ der Opfer unter Folter erzwungen wurden, dann hält sie nicht zurück mit ihrem Kummer über die Tortur der „foresisters“ und warnt vor der Mentalität der „continued legitimation of witchburning“.

Die Feministische Theologie weist ihrerseits auf die Verbindung von Sündenbocksyndrom und Hexenglauben hin[12], ebenso von Juden- und Hexenverfolgung (Hexensabbat!). Sie studiert den Hexenwahn auch in außerchristlichen Religionen, um in der jeweiligen Zeitgeschichte die zu einer Hexenjagd führenden Bedingungen zu erkennen. Zur

Entlastung der Opfer zerstreut sie die aus der Zeit der Romantik stammende Annahme, daß es seit dem Spätmittelalter eine Hexenbewegung als illegale Gegenkirche gegeben habe[13]. Man versucht auch, von der deutschen Judenverfolgung des 20. Jahrhunderts aus Parallelen zu ziehen inbezug auf die Entstehung von Wahnideen.

Beim Studium des „Hexenhammer" wendet man den Zitaten aus griechischen und römischen Philosophen, Kirchenvätern und Kirchenlehrern als einer Sammlung der negativen Einschätzungen der Frau in unserer (nicht nur biblischen) Tradition besondere Aufmerksamkeit zu. Daß die Dämonisierung der weiblichen Sexualität im Hexenwahn eine mögliche Konsequenz aus den Schattenseiten der jüdisch-christlichen Tradition ist, wird auch von der Feministischen Theologie anerkannt, ohne daß sie den radikal feministischen Behauptungen zustimmen würde, diese führe notwendig zu einer solchen Katastrophe. Der theologisch am schwersten wiegende und beschämendste Punkt in dem dämonologischen Werk der beiden Dominikaner ist nach Rosemary Radford Ruether deren Dank an Gott, „daß die Männer durch die Inkarnation seines Sohnes als Mann vom Übel der Hexerei bewahrt geblieben sind. Eine solche Äußerung ist besonders erstaunlich, weil sie beinahe aufgrund des männlichen Geschlechts Jesu den Ausschluß der Frauen von den Früchten der Erlösung rechtfertigt."[14] Eine innerkirchliche Gewissenserforschung einzuleiten, um die Rückstände der dem Hexenwahn zugrunde liegenden Mentalität in der Gegenwart zu bekämpfen, ist der Sinn dieser Beschäftigung der Feministischen Theologie mit den Leiden der „foresisters", die sie sich nicht scheuen, beim Namen zu nennen.

Trotz der Beteiligung beider Konfessionen an dem dunkelsten Kapitel der Geschichte der Frau im Christentum glaubt Gerta Schaffenorth sagen zu können, daß „die Gleichstellung aller Glieder am Leibe Christi, für die Luther aufgrund des Evangeliums eintrat, für Frauen ... in einem viel höheren Maß als für Männer eine Befreiung aus

Ängsten und Gefährdungen“ bedeutete[15]. Jedoch wird Luthers Abschaffung des klösterlichen Lebensweges heute auch von protestantischer Seite nicht unbedingt als Befreiung, sondern zumindest als ambivalent angesehen, weil dies für die Frau eine einseitige Festlegung auf Ehe und Familie mit sich brachte[16]. Entgegen der modernen Luther-Kritik, die Luthers hohe Bewertung von Gehorsam und seine Behauptung einer Sonderstellung des Vaters heraushebt[17], betont die Feministische Theologie, daß Luther „in der Autorität und Vollmacht, die er dem Eltern-Amt zuspricht, ... nicht zwischen Vater und Mutter“ unterscheidet[18].

Ein Schwerpunkt des Forschens auf evangelischer Seite scheint die Frage zu sein, aus welchen Gründen es auch im Protestantismus zu einem von Männern verwalteten kirchlichen Amt gekommen ist, obwohl Luthers Auffassung, daß jeder, der einen andern das Evangelium lehrt, dessen Apostel und Bischof sei, und seine Auslegung von Gal 3,28 solches nicht voraussehen ließen.

„Sintemal alle getauften Weiber aller getauften Männer geistliche Schwestern sind, als solche, die einerlei Sakrament, Geist, Glaube, geistliche Gaben und Güter haben, damit sie viel näher im Geist Freunde werden, denn durch äußerliche Gevatterschaft.“[19]

Dennoch hält die Feministische Theologie fest, daß durch Luther ein „Veränderungspotential“ geschaffen wurde, weil er auch bei konservativer Eheauffassung ein pejoratives Bild der Frau nicht mehr zuließ, weil seine Ehelehre bereichert ist um die vorher nicht allzu oft genannte gegenseitige Liebe und weil er eine theologische Grundlage errichtete „for equality of responsibility between the clergy and the laity – including laywomen.“[20]

Trotz dieser neuen Voraussetzungen der Theologie der Geschlechter zieht die Feministische Theologie eine Verbindung zwischen der gemeinsamen Lehre der Reformatoren von der Unterordnung der Frau in der Ehe[21] und ihrer Zurückdrängung in der politischen Ordnung, wobei in den Begründungen für die letztere zuweilen die alte Vorstellung von der geistigen und moralischen Unterlegenheit der Frau sich wieder einschleicht[22]. Es scheint, als ob im Frühprotestantismus infolge der patriarchalischen Bibelinterpretation der Reformatoren etwas Ähnliches geschieht wie im Urchristentum. Gerade hier bestehen noch Forschungslükken, welche die Feministische Theologie aufarbeiten möchte.

Ähnliches gilt auch für die offizielle kirchliche Theologie der Frau in der Gegenreformation und das Selbstverständnis der Frau in der beginnenden Neuzeit. Viele Quellen liegen noch unausgewertet in den Bibliotheken, und nur die Hauptströmungen der Zeit sind bis jetzt bekannt. Während in Patristik und Scholastik das „Mannwerden" der Frau durch Befolgung des Virginitätsideals im Sinne der Überwindung der „Schwächen" ihres Geschlechts und der patriarchalischen Unterordnung gemeint war, findet man in den frühneuzeitlichen Äußerungen von Männern über Frauen das noch immer lobend gemeinte Prädikat der „Vermännlichung" der Frau mehr im psychologischen Sinne angewandt. Wenn Johannes de la Salle von Teresa von Avila bewundernd feststellt: „Sie ist ein Mann"[23], so meint er damit ihre Entschlußkraft, ihr geistiges Niveau, ihre Persönlichkeit insgesamt. Aber jetzt ist auch die Zeit gekommen, in der Frauen es lernen, die als positiv gewerteten Eigenschaften, wenn sie sich bei ihrem eigenen Geschlecht finden, nicht mehr im Bescheidenheitstopos dem anderen Geschlecht zuzuweisen, sondern für sich zu beanspruchen. Teresa von Avila braucht einen guten Teil ihrer Lebenserfahrung, um zu dieser Einsicht zu gelangen.

Andererseits gibt es auch – man möchte sagen – die „Taktik", daß Frauen der frühen Neuzeit das offizielle Bild von der Frau dahingestellt sein lassen, Diskussionen über ihr eigenes „Wesen" vermeiden und nur darauf bedacht sind, ihren praktischen Wirkungsbereich zu erweitern. Die feministisch-theologische Frauenforschung hat bisher besonders zweien dieser Frauen ihre Aufmerksamkeit zugewandt, denen es darum ging, die kirchlichen Vorschriften inbezug auf

Klausur und feierliche Ordensgelübde zu überwinden, um frei zu sein für Aufgaben im Dienst der Menschen in Kirche und Gesellschaft, Angela Merici (1474–1540) und Mary Ward (1585–1645)[24]. Zu den alten monastischen Frauenorden wurde von ihnen eine Alternative entwickelt, von Angela Merici für ihre Ursulinen vor allem im Hinblick auf eine Verfassung unter der Devise geistlicher Demokratie: kein Unterschied zwischen Nonnen und Laien-Schwestern, keine Aufnahmebeschränkungen inbezug auf Frauen aus niederen Ständen; von Mary Ward für ihr als „Englische Fräulein“ in Deutschland bekanntes Institut als eine nicht unter männlicher Aufsicht, sondern (parallel zu den Jesuiten) unter einer Mother General nur dem Papst verantwortliche Frauengemeinschaft, die sich der Mädchenerziehung widmet. Die Feministische Theologie studiert den Elan dieser Gründungsideen, aber auch die bald einsetzenden Restriktionen von offiziell kirchlicher Seite, die solchen Unabhängigkeitsbestrebungen von Frauen die Approbation verweigerten bzw. ihre Gemeinschaften mehr oder weniger in die eben überwundenen Formen klösterlichen Lebens zurückzwangen. Dem Konzil von Trient wird inbezug auf seine Erneuerung der alten Klausurbestimmungen für Frauen eine negative Bedeutung zugeschrieben, obwohl deren strenge Durchführung zum Teil daran scheiterte, daß die Frauen sich in ihren neuen Aktivitäten bereits unentbehrlich gemacht hatten, besonders was die religiöse Unterweisung der Bevölkerung und die Sozialarbeit betrifft.

Nur andeutungsweise hat sich die feministisch-theologische Frauenforschung bisher mit der Bedeutung der Frauen im französischen Katholizismus des 16./17. Jahrhunderts beschäftigt, mit ihrem Beitrag zum Jansenismus etwa und der Beziehung zwischen den jansenistischen Religiosen und den für das Geistesleben ihrer Zeit so einflußreichen Damen der Salons. Hier ist noch mancher Beitrag von Frauen zur religiös motivierten Ehe- und Gesellschaftskritik ihrer Zeit ans Tageslicht zu bringen, aber nicht nur das: „We might also discover that many of the reforms in Catholicism mandated by the Council of Trent owe their propagation in France more to the women of the Salons than to the bishops and priests of the society."[25]

Wir verlassen hier den Faden historischer Frauenforschung in der Feministischen Theologie, weil er sich von nun an aufteilt in die Geschichte der Frau in den einzelnen christlichen Denominationen[26], die hier nicht weiter verfolgt werden kann. Die Quellen aus christlicher Antike und Mittelalter sind bereits wesentlich mehr erfaßt von der Neuaneignung durch theologisch geschulte Frauen als die der uns näherstehenden Jahrhunderte. Gerade hier lohnt es sich, in die Forschung einzusteigen, um zu verstehen, was unserer eigenen geschichtlichen Situation vorausgeht.

7. KAPITEL

# Gegenwärtige Ziele und Bestrebungen der Feministischen Theologie

Der Konsequenzen aus der theologischen Frauenforschung wie auch aus der Kritik an Gesellschaft und Kirche sind viele. Sie sehen für den amerikanischen Kontinent zum Teil anders aus als für den unseren[1]. Wir wollen hier drei Themenkreise herausgreifen, die überall von gleichem Interesse sind: die neue Interpretation der Mariologie, die Bemühung um weibliche Teilhabe am kirchlichen Amt und die feministisch-theologische Ethik.

Um zu verstehen, wie die Feministische Theologie die Mariologie für das Leben der Frauen fruchtbar machen möchte, ist zunächst ein kleiner Rückblick erforderlich auf die Zeit um 1950, als das letzte Mariendogma verkündet wurde. Damals sprach man, je nachdem, auf welcher Seite man stand, jeweils mit Sorge von einem mariologischen Maximalismus bzw. Minimalismus. Heute scheint uns ein neuer Maximalismus ins Haus zu stehen, jedoch ist er aufgrund seiner feministisch-theologischen Herkunft anders als der vor drei Jahrzehnten.

Damals versuchte man die Mitte zu halten durch eine heilsgeschichtliche Mariologie, die weder „in ungeschichtlicher Weise bei dem Buchstaben der Schrift glaubt stehen bleiben zu dürfen und die Entfaltung in der kirchlichen Tradition vernachlässigt", noch „menschlichen Wunschbildern entstammenden Übertreibungen" nachgibt, „damit nicht der Marienglaube in den Marienmythus entgleitet." (Michael Schmaus)[2]

Heute ist auf feministisch-theologischer Seite „Marienmythus" kein unbedingt negativer Begriff mehr. Denkt man an feministische Versuche, den linear verlaufenden Zeitbegriff aufzuheben bzw. Zeit in spiralenförmigen Zyklen zu erfahren, um zu einer „Allgegenwart“ mythisch vergöttlichter Weiblichkeit zu gelangen, so sind Einwirkungen solcher Gedanken auf eine feministisch interpretierte Mariologie gut vorstellbar. Demgegenüber besteht christliche Theologie auf dem Prinzip der Geschichtlichkeit und für die Mariologie auf einer christologischen Verankerung.

„Maria gehört in die Heilsgeschichte hinein um Christi willen. Was sie ist und was sie bedeutet, wird durch ihr Verhältnis zu Christus bestimmt. Sie ist in der Heilsgeschichte gewissermaßen jene Stelle, an der Gott nach langen Vorbereitungen den Überschritt aus seiner himmlischen Vorbehaltenheit in unsere Welt machte, um in ihr nicht mehr bloß als Waltender, Wirkender und Erhaltender gegenwärtig zu sein, sondern als heilshaft Handelnder, dem der Mensch in der Freiheit der Hingabe begegnet. Für diese ihre Aufgabe wurde sie von Gott selbst bestimmt und geformt. So trägt ihre Gestalt das Gepräge Christi. Ihr Lebensschicksal und ihr Lebenslauf sind durch Christus gezeichnet. Der menschgewordene Gottessohn brachte dieser Frau die entscheidende Existenzgestalt. Von dem Ereignis der Menschwerdung aus muß die Gestalt Marias interpretiert werden ... Die Mariologie ist der Prüfstein der Christologie im guten und im bösen Sinn.“[3]

Die weiterhin auf dem Boden der jüdisch-christlichen Tradition verbleibende Feministische Theologie bestreitet dies nicht eigentlich und unterscheidet sich auch wesentlich von dem Vorschlag der Mary Daly[4], aber sie möchte doch mehr „Freiraum“ für Maria, möchte sie als Frau um ihrer selbst willen gewertet wissen und macht vor allem der Theologiegeschichte und der kirchlichen Praxis den Vorwurf, Maria auf Kosten der christlichen Frauen glorifiziert und im übrigen im Hinblick auf ihre Vorbildlichkeit für das weibliche Dienen mißbraucht zu haben. Trost hat nach dieser Auffassung Maria zwar immer auf dem Wege der Volksfrömmigkeit den bedrückten Frauen geben können, aber die Theologie hat es nicht zugelassen, daß sich an ihr das Selbstbewußtsein der Frauen stärken konnte[5].

Die religionsgeschichtliche Linie von der „Göttin“ zur Mariologie, oft als Einwand gegen katholischen Marienglauben geltend gemacht und von Theologen zurückgewiesen[6], wird von der Feministischen Theologie keineswegs verleugnet, sondern als Bestätigung angesehen: „Die Menschen von Ephesus waren nicht grundlos so begeistert, als die Konzilsväter Maria im Jahr 431 zur Theotokos, zur Gottesmutter, ausriefen. Tief in ihnen drin lebte ein Urbedürfnis nach einer göttlichen Frau, nach einem Bild für den kosmischen Grund ihres Lebens, in dem sie sich erkennen konnten", schreibt Catharina Halkes[7]. Wird die historisch-kritische Exegese, der die Feministische Theologie so viel verdankt, hier noch mithalten können? Wird nicht auch die dogmatische Theologie ein Abweichen von der so oft als „Wesen des Christentums" definierten Geschichtlichkeit befürchten[8]?

Wohin der Weg führt, zeigt auch die freudige Aufnahme des Buches von Andrew Greeley mit dem Titel „The Mary-Myth"[9] durch die Feministische Theologie[10], sowie die begeisterte Zustimmung zur mythologischen Deutung der Mariologie bei Harvey Cox, für den Mariologie der „Mythos par excellence" ist[11].

So wichtig und vielsagend die Beobachtung von Cox sein mag, daß weibliche Führer und weibliche Heilige bei den Religionen der Unterdrückten häufiger sind als bei denen der Privilegierten, so bleibt doch seine Apologie der als Königin des Himmels ohne Kind abgebildeten Maria im Sinne eines Befreiungssymbols, an dem Frauen sich aufrichten können, deshalb problematisch, weil sie ausgespielt wird gegen die modernen Methoden der Bibelwissenschaft. Diese Maria hat mehr mit einem Archetyp zu tun als mit dem Neuen Testament, wie die folgenden polemischen Sätze von Cox zeigen: „Obwohl sie nur als Nothelferin neben Jesus begann, hat sie sich im westlichen popularreligiösen Bewußtsein zu ihrer gegenwärtigen Macht emporgeschwungen. Und sie bleibt dort, dem eifersüchtigen Entmythologisierungsprozess zum Trotz, durch den die (männlichen) Theologen der Periode nach dem II. Vaticanum versuchen, sie in die Schranken zu weisen."[12] Harvey Cox verwechselt Entmythologisierung mit Zerstörung von Bildern und religiöser Phantasie. Sein „Mythos“ ist eine Art Symbolik, die ausgreift ins Tiefenpsychologische und Archaische. Eine Feministische Theologie, die der durch den Begriff Entmythologisierung gekennzeichneten Theologie aus dem Wege geht, bringt sich dagegen selbst um die Früchte des schon Erreichten.

Nach der Konzeption von Rosemary Radford Ruether ist die Feministische Theologie um eine Interpretation der Mariologie bemüht, in der Maria der Befreiung der Frauen und nicht als „ein Instrument männlicher Herrschaft“ dient[13]. Sie zeigt ein Befremden darüber, daß die Lehre, in der Maria als „Symbol der heilen Menschheit“ erscheine, nämlich das Dogma von der unbefleckten Empfängnis, „nur auf einem quälenden Weg der Theologisierung“ erreicht wurde[14]. Dem Gedanken von Maria als Gnadenvermittlerin und Miterlöserin ist diese feministische Mariologie sehr zugetan und findet in der christlichen Tradition ein „Unbehagen darüber,... daß die Erlösung der Menschheit allein durch einen Mann erreicht worden sein soll.“[15] Die in Patristik und Mittelalter häufig bezeugte Eva-Maria-Parallele dagegen erfreut sich keiner großen Beliebtheit, da man sie als eine Art Schwarz-Weiß-Malerei versteht, welche dazu geführt habe, die Frauen auf die Seite Evas zu stellen und Maria über ihre Köpfe hinwegzuheben[16].

Um mit dem Letzten zu beginnen: Was dabei übersehen wird, ist das typologische Erfassen von Zusammenhängen, das, wie die Kunst der mittelalterlichen Dome zeigt, nicht allein den Theologen, sondern allen Menschen vergangener Epochen eigentümlich war. Typologische Schriftauslegung erlaubt es, beide Testamente verbindend, Gestalten und Ereignisse antithetisch oder auch als Verheißung und Erfüllung einander gegenüberzustellen, sie versteht „den Zusammenhang der einen Geschichte Gottes in der Differenz der unterschiedlichen äußeren Geschichten.“ (Joseph Ratzinger)[17]. Alttestamentliche Sophia und neutestamentliche Maria auf einander zu beziehen, was die Feministische

Theologie gern sieht und selbst praktiziert, ist also aufgrund der gleichen typologischen Denkform und Methode möglich, die Eva und Maria einander gegenüberstellt[18].

Wenn die patristische Theologie dem Unheil bringenden Wort Evas das Freude bringende Wort Marias an den Engel der Verkündigung konfrontiert, meint sie die Ereignisse Sündenfall und Menschwerdung. Diese Typologie sagt ohne Tendenz zur Verdammung, daß Unglaube und starker Glaube einander ablösen, und gipfelt des öfteren in der Aufforderung zur Freude an „Mutter Eva", weil ihr Wort durch jenes andere wieder aufgehoben ist. In der lateinischen Hymnendichtung des Mittelalters wird das „Ave" an Maria sprach-alchemistisch als Umkehrung des Namens „Eva" ausgelegt, und in der Mariensequenz Hildegards von Bingen ist die Erschaffung Evas sogar als Vorentwurf Marias gesehen. Am Nordportal der Kathedrale von Chartres sieht man unter der Konsole, auf welcher die Maria der Verkündigung steht, den Antitypus: einen doppelkronigen Baum mit Früchten, inmitten des Baumes die Schlange. Die zu Füßen Marias sitzende Eva im Paradiso der so frauenfreundlichen Divina Commedia Dantes zeigt vollends, daß Eva und Maria in der Tradition schwesterlich verbunden sind: eine von der Theologie in die Poesie hinüberspielende religiöse Phantasie, die auf Befreiung hin konzipiert ist. Besonders für die Mariendichtung und Marienmystik, oft von Frauen stammend, sind Eva und Maria, Typus der Frau im Alten Testament und Typus der Frau im Neuen Testament, versöhnt in der progressiven Linie der Heilsgeschichte.

Die Feministische Theologie hat es noch vor sich, den reichen Schatz mariologischer Traditionen zu heben. Ihre Vermutungen im Hinblick auf die Wirkung der Mariologie in vergangenen Jahrhunderten sind noch nicht verifiziert. Wenn erst die Mariologie der Lukaskommentare, Marienpredigten, Marienhymnen etc. wiederentdeckt worden ist, wird so reiches Material zur Meditation der Weiblichkeit an der Mariengestalt vorliegen, daß die „Göttin" überflüssig wird, sei es als „Ahnfrau“ der biblischen oder patristischen Maria, sei es als weiblicher Genius in uns selbst.

Aber diese Maria ist keine „Göttin“, sondern nach den Hauptlinien der Tradition ein starker Mensch, der Glauben und Entschlußkraft hat und Autorität besitzt, um die ganze Menschheit zu vertreten und das Heilsangebot Gottes wirksam anzunehmen. Denn das ist die Erklärung der Tradition für das „Fiat“, nicht ein unterwürfiges Magdtum. In der Exemplarität und Stellvertretung Marias für die Menschheit[19] wird ihr Beitrag zur Erlösung gesehen, der von Generation zu Generation deutlich ausgesprochen ist und keineswegs nur in Form eines „Unbehagens“ an einer allein durch den Mann erreichten Erlösung. Ohne eine Re-Mythologisierung – denn Maria bleibt auf der Seite der Erlösungsbedürftigen – ist also eine „Aufwertung“ der Mariengestalt möglich durch Wiederbelebung verschütteter Traditionen, die bildreich sind und voller Poesie, die aber zu einer heilsgeschichtlichen Theologie nicht im Widerspruch stehen. Das Angebot der Mariologie an heutige Feministische Theologie ist reich und könnte für ihre speziellen Ziele eine sehr heilsame Wirkung haben.

Bemerkenswert ist, daß die Feministische Theologie, nunmehr an Mariologie ebenso interessiert wie an den Fragen der Integration der Frau in das kirchliche Amt, eine oft geäußerte Meinung widerlegt, daß nämlich der Wunsch nach dem Amtspriestertum der Frau nur dort entstehen könne, wo es an Mariologie fehle[20]. Heute schreibt man Maria in der Ekklesiologie eine vermittelnde Funktion zwischen Amt und Charisma zu: „Sie steht weder auf der Seite des klerikalen noch des laikalen Flügels in der Kirche, sondern verweist durch ihre Person auf den Wechselbezug beider Pole.“[21]

Großes Mißfallen erregt gerade in denjenigen Kreisen des Feminismus, die vom Christentum nichts Heilvolles erwarten, die Tatsache, daß die Frau in der Katholischen Kirche noch immer vom Amtspriestertum ausgeschlossen ist. Sei es aus Solidarität mit den katholischen Frauen, die das Amt erstreben, sei es aus Gründen der Emanzipation, daß man auch die letzte Bastion den Männern vorbehaltener Berufe erobert sehen möchte, in der feministischen Kritik kommen die protestantischen Denominationen weit besser davon, die nicht nur die Ordination der Frau zugelassen haben, sondern allmählich auch Restriktionen, die mit dem Amt in Händen von Frauen verbunden waren, wie etwa die Zölibatsklausel, fallen lassen[22].

Was von Außenstehenden nicht wahrgenommen wird, ist die Tatsache, daß der in der Katholischen Kirche im Unterschied zu den meisten protestantischen Denominationen genau definierte Begriff der Ordination es hier viel schwieriger macht, einen Wandel herbeizuführen, da die eigene Tradition auch für die Zukunft als verbindlich angesehen wird. In etwa vergleichbar ist die Situation der Episcopal Church Amerikas, wo die ersten Frauen sich bewußt zu einer „irregular ordination" entschlossen, die dem geltenden Kirchenrecht widersprach und von Bischöfen vollzogen wurde, die keine Jurisdiktion über eine Diözese hatten[23].

Daß katholische Frauen zuerst bei kirchlichen Stellen mit dem Wunsch um Eingliederung in das Amt vorstellig wurden, hängt zusammen mit der Ermöglichung des Theologiestudiums für Laien nach dem Zweiten Weltkrieg[24] und mit der Einrichtung kirchlicher Frauenberufe[25]. Obwohl viele Frauen mit den dadurch geschaffenen Möglichkeiten einer lehrenden, publizistischen, sozialen und seelsorglichen Tätigkeit in der Kirche zufrieden waren, entstand bei einigen der Wunsch nach dem Amtspriestertum und der Entschluß, für dieses Ziel zu kämpfen. Theologische Arbeiten wurden geschrieben, die auch beim damaligen Stand der Bibelwissenschaft schon erklären konnten, daß die traditionell gegen das Priestertum der Frau angeführten Gründe keine überzeitliche Geltung haben. Kritische Aufsätze von Frauen, die sich mit der Benachteiligung der Frau in Tradition und Gegenwart der Kirche auseinandersetzen, sind zusammen mit Auszügen der verschiedenen Eingaben an das II. Vatikanische Konzil (mit dem Ziel der Änderung des Kirchenrechts) in dem von Gertrud Heinzelmann edierten Band „Wir schweigen nicht länger" veröffentlicht[26]. Die Herausgeberin argumentiert in ihrem einleitenden Beitrag als Juristin:

„Wenn ... die Taufe den Mann befähigt, sieben Sakramente zu empfangen, die Frau nur deren sechs, ist die durch die Taufe bei Mann und Frau begründete Gliedschaft in der Kirche in beiden Fällen nicht dieselbe. Denn es bedeutet sowohl eine Verkürzung der kirchlichen Persönlichkeitsrechte, als auch eine Herabsetzung im Stand der Gliedschaft, wenn der Frau der Empfang eines Sakramentes vorenthalten bleibt. Ferner ergibt sich, daß im Stande der Laien die Rechte von Männern und Frauen nicht aequivalent sind, indem jene eben die Möglichkeit haben, die Priesterweihe zu empfangen, die Frauen jedoch nicht."[27]

So überzeugend diese Argumentation auch sein mag, solchen Gedanken wurde in jenen Jahren vielfach widersprochen, weil im Hinblick auf Ordination von einem „Recht" die Rede war, das für niemanden bestehe[28].

Die Hauptgründe aus der Tradition gegen ein Amtspriestertum der Frau, die in der genannten und anderen Veröffentlichungen aus der Konzilszeit widerlegt wurden, sind außer den bekannten Stellen in den neutestamentlichen Briefen und der Tatsache, daß Frauen nicht zu den „Zwölfen" gehören, die herkömmliche Rollenverteilung zwischen den Geschlechtern, nach welcher die Frauen aufgrund ihres „Wesens" keine Beziehung zum Öffentlichkeitsbereich haben, und vor allem ein symbolischer Gesichtspunkt: Frauen sind unfähig zu der priesterlichen Funktion, Christus zu repräsentieren.

Es erhoben sich nicht nur in den sechziger Jahren, sondern bis heute noch viele Stimmen zugunsten einer „Theologie der Frau", die diese Gründe weiterhin respektieren[29], obwohl die biblische Wissenschaft, wie gezeigt, bereits andere Wege ging und die Entwicklungen in der Gesellschaft die Realität verändert hatten. Am hartnäckigsten hielt sich die Auffassung von der Unfähigkeit der Frau, Christus zu repräsentieren.

Von denen, die sich kritisch mit der Tradition beschäftigt

hatten und überzeugt waren, daß die Gründe gegen ein Priestertum der Frau nicht (mehr) gültig sind, waren die meisten dafür, die neue Einsicht der Ordinierbarkeit der Frau sofort zu verwirklichen. Sie setzten viel Kraft ein und hatten unter Enttäuschung und Frustrationen zu leiden.

Andere, die ebenso überzeugt waren, daß die traditionellen Gründe gegen ein Priestertum der Frau keine Geltung beanspruchen können, zogen nicht die gleiche Konsequenz daraus. Die Konzilstexte schienen einer Art Gleichberechtigung von Mann und Frau im Laienstand Rückendeckung zu geben (wenn man davon ausgeht, daß Männer durch Eheschließung ein eindeutiges Zeichen geben, auf ihre mögliche Ordinierung zu verzichten). Es bestand die Aussicht, daß der Laienstand sich erstmalig in der Geschichte voll entfalten konnte, und viele – gerade auch in kirchlichen Berufen tätige Frauen – sahen darin einen Sinn[30].

Von den Befürwortern einer möglichst baldigen Ordination der Frau wurde zuweilen die Auffassung vertreten, das Amt biete „auch der Frau die Möglichkeit, ihre spezifischen Eigenschaften in den Dienst der Heilsvermittlung zu stellen“[31], während in der gleichzeitigen Diskussion um die „männlichen“ und „weiblichen“ Eigenschaften der sogenannte spezielle Beitrag der Frau gerade fragwürdig geworden war. Eingliederung in das Amt aufgrund eines veralteten Bildes von der Frau erschien vielen bedenklich. Zusammenarbeit von Männern und Frauen, die individuell verschieden sind, aber nicht an einen bestimmten Kodex von Männlichkeit und Weiblichkeit gebunden, war in der profanen Gesellschaft, wenn auch mit Einschränkungen, erfahrbar geworden, und Entsprechendes wünschten sich viele Frauen auch innerhalb der Kirche, gleich ob mit oder ohne Amt. Verantwortlich arbeiten zu können, bei Planung und Entscheidung mitzustimmen und mitzubestimmen, war ihnen wichtig.

Aus solchem Denken und solchen Erfahrungen entwickelte sich schon in den sechziger Jahren die Konzeption von der „Auffächerung des Amtes“[32]. Sie geht davon aus, daß die Frau bereits an vielen Funktionen des kirchlichen Amtes teilhat, wenn sie z. B. in Gruppenarbeit an seelsorglichen Projekten mitwirkt. Nimmt man an, daß das Amt selbst sich wandelt, indem ein allzu starres Verständnis von innerkirchlichen „Ständen" revidiert wird und kirchliche Aufgaben unter verschiedene Kompetenzen fallen, so könnte sich die Frage nach der Amtszulassung der Frau eines Tages von selbst erledigen.

„Die Liturgie der künftigen Gemeinde wird sicher wieder stärker auf die lebendigen, vielseitigen charismatischen Formen der Urgemeinde zurückgreifen. Damit entfällt die einseitige Fixierung auf Hierarchie, Amt und Kult, worin sich die Diskriminierung der Frau im kirchlichen Raum erhalten hat. ... Schon jetzt nehmen Frauen in wachsendem Maße im kirchlichen Bereich charismatische Funktionen wahr, die vom Geist und Inhalt her vielen amtlichen und offiziellen Aufgaben überlegen sind, auch wenn sie noch nicht ihre volle kirchenamtliche Anerkennung gefunden haben. Die Herausforderung der Gemeinde durch neue und ungewöhnliche seelsorgerische Aufgaben wird von selbst zu einer ganz neuen Einordnung der Frau in den kirchlichen Dienst führen und somit das Problem der Emanzipation auf praktischem Weg lösen."[33]

Die Diskussion in der Mitte der siebziger Jahre macht zahlreiche Vorbehalte inbezug auf die Opportunität einer Eingliederung der Frau in die jetzige Form des kirchlichen Amtes. Wie die von Anne Marie Gardiner unter dem Titel „Women and Catholic Priesthood: An Expanded Vision" (1976) edierten Beiträge der Detroit Ordination Conference erweisen, wird auch hier erklärt, daß auf die Beteiligung der Frauen am „decision-making of the Church"[34] nicht verzichtet werden kann, wie auch immer sich dies vollzieht. „Challenging priesthood from outside"[35] wird ein wichtiges Stichwort. Das Argument, daß die gegenwärtige institutionelle Struktur der Kirche dem, was Frauen wollen, nicht entspricht, verbindet sich mit der Aufforderung an die zum Priestertum tendierenden Frauen, (to) „demystify their minds of the false idea that priests possess sacramental power."[36] Frauen in den Klerus zu integrieren, hat nach diesem Denken vorerst nur den Sinn „to overcome the idolatry of sexism in the Church which supports all other kinds of ideologies of power and domination."[37] Auch wird vor einer Form der Eingliederung der Frau in das Amt gewarnt, wie sie in anderen christlichen Denominationen zu beobachten war oder noch ist, die bestehende Ungleichheiten zwischen Männern und Frauen nicht aufhebt (Ordination von Frauen nur zum Dienst an Frauen, Kindern, Kranken etc.)[38].

Die Idee von der Auffächerung des Amtes wird weiterentwickelt im Sinne einer „theology of gifts". Das pastorale Gespann der Zukunft soll alle Stereotypen durchbrechen: „These teams would strive to be woman – man teams, and they would strive to be ecumenical."[39] Bei der Konzeption dessen, was als künftiges Priestertum bezeichnet wird, ist man sich klar darüber, daß der Ausgangspunkt der Überlegungen die „pastoral needs of people" sein müssen und nicht die Ordination der Frau um jeden Preis. Die Möglichkeit des Amtes in Händen von Frauen zu diskutieren, bedeutet zugleich eine Besinnung darauf, daß das Amt in der Gemeinschaft verankert ist: „The priesthood belongs to the whole Church. And all of us, women and men, are receivers and sharers"[40]. Es geht schließlich mehr um die Reform des Amtes als um die Eingliederung von Frauen. Aber auch unter diesem Gesichtspunkt bleibt fraglich, welcher Weg einzuschlagen ist, „to challenge priesthood from outside" oder: „Qualified women must be a part of the present priesthood, so they can participate ... in the reformation of that priestly ministry."[41]

Als die Diskussion sich auf den wichtigen Punkt der Reformierung des Amtes konzentriert hatte und auch in zahlreichen interkonfessionellen Gruppen über diese Fragen gesprochen wurde, traf die „Erklärung zur Frage der Zulassung der Frauen zum Priesteramt" der römischen Kongregation für die Glaubenslehre am 15. 10. 1976 alle Beteiligten hart, nicht so sehr wegen des negativen Bescheids in dieser Frage, sondern wegen der Mißachtung der theologischen Arbeit, die in den letzten beiden Jahrzehnten in dieser Hinsicht geleistet worden war. Außer der „Tatsache der Tradition", die die Frau zu allen Zeiten vom Priestertum ausgeschlossen habe, wird das „Verhalten Christi", der keine Frau in den Zwölferkreis berufen habe, wieder zur Norm erhoben. Die Verhaltensweise der Apostel, die nicht an eine „Priesterweihe" der Frau gedacht hätten, aus soziologisch-kulturellen Motiven zu verstehen, wird abgelehnt. Schließlich spricht sich die Kirche in diesem Dokument selbst eine so autonome Verfügungsgewalt über die Sakramente ab, wie die Zulassung der Frau zum Priesteramt sie voraussetzen würde.

Karl Rahner hat 1977 in einem Artikel in den „Stimmen der Zeit" ruhig und klar gesagt, was von der römischen Erklärung zu halten ist. Trotz Approbation durch den Papst ist sie „keine definitive Entscheidung, sie ist grundsätzlich reformabel, sie kann (was nicht von vornherein heißt: muß) irrig sein."[42] Rahner betont die theologische Pflicht, eine solche Erklärung kritisch zu prüfen und ihr gegebenenfalls zu widersprechen.

„Die eigentliche Argumentation der Erklärung geht dahin, daß die Praxis Jesu und der Apostel, die keine Weihe der Frau zum Priester kennt, sich nicht aus der soziologisch-kulturellen Situation der damaligen Zeit erklären lasse, also einen Willen Jesu voraussetzte, der nicht geschichtlich und gesellschaftlich bedingt sei, also für alle Zeiten gelte, den daher die Kirche zu allen Zeiten in Treue zu respektieren habe."[43]

Rahner kritisiert an diesem Inhalt der Erklärung, daß sie den Beweis für die Unhaltbarkeit der abgelehnten These schuldig bleibe und daß sie vom Begriff des Apostels und der Zwölf unvermittelt zum Begriff des Priesters übergeht, was „den heutigen Erkenntnissen des Werdens der Urkirche, ihrer Struktur und Organisation nicht genügen" könne[44].

Zur Kritik an der Erklärung der Glaubenskongregation haben sich zahlreiche Theologen und Theologinnen verpflichtet gefühlt, deren Beiträge in dem von Leonard Swidler und Arlene Swidler edierten Band „Women Priests" (1977) vereinigt sind. Von exegetischer Seite wird hier der

Mangel an Hermeneutik vermerkt, aufgrund dessen die römische Erklärung für neutestamentliche Zeiten von „Priesterweihe" spricht, zumal es für ernsthafte Forschung feststehe, daß die Berufung der Zwölf nicht eine solche zu erst später ausgebildeten kirchlichen Ämtern sei und der historische Paulus keine „Priester" geweiht habe, weder männliche noch weibliche[45].

Von verschiedenen Seiten wird auf einen Gegensatz zwischen zwei römischen Dokumenten aufmerksam gemacht, einem „Report" der Bibelkommission von 1976 und der erst im Januar 1977 veröffentlichten Erklärung der Glaubenskongregation. Während ersterer sich dafür ausspricht, daß das Neue Testament nicht ein für allemal den Fragen um die Zulassung der Frau zum Amt das Wort abschneidet, stellt letztere fest, es sei der ausdrückliche Wille Christi, der im Neuen Testament und in der Frauen ausschließenden Praxis der jungen Kirche zum Ausdruck komme. Die Bibelkommission findet also nichts im Neuen Testament, das die Ordination von Frauen direkt verbietet, die Glaubenskongregation kommt zum entgegengesetzten Ergebnis und zieht sich auf die symbolische Dimension der Geschlechterrollen zurück. Immerhin wird die Divergenz der beiden Dokumente optimistisch als Zeichen „of an emerging pluralism in Catholic thought as well as of a changing relationship between the official Magisterium and the theologians" begrüßt[46].

Die römische Deklaration wurde auch unter dem Gesichtspunkt des normativen Charakters einer Frauen ausschließenden Tradition kritisiert[47]. Elizabeth Carroll sieht in ihr eine Mißachtung der tatsächlich von Frauen in der Kirche geleisteten Arbeit. „The truth is that today women are performing most of the functions which Jesus mandated to his disciples as ways of being like him."[48] Wenn es Aufgabe der Apostel ist, das Evangelium zu verkünden, und heute zwei Drittel aller in der Mission arbeitenden Personen Frauen sind, wie kann man dann noch von der Unfähigkeit der Frau sprechen, Christus zu repräsentieren?[49] –

Daß die Diskussion der Frage nach der Zulassung der Frau zum kirchlichen Amt weitergeht, dafür hat die römische Erklärung gesorgt.

Seit der Konzilszeit haben sich diejenigen, denen an einem revidierten christlichen Menschenbild gelegen war, intensiv mit der Frage beschäftigt, wie es auf allen Lebensgebieten zu einem hierarchiefreien Verhältnis der Geschlechter kommen könne. Für Familie, Beruf und kirchliche Gemeinschaft bemühte man sich mit Hilfe der Begriffe Partnerschaft, Solidarität, Jüngerschaft um die Ethik der menschlichen Beziehungen, ohne daß die Entfremdung zwischen den Geschlechtern und der entfremdete Charakter der Arbeitswelt so scharf herausgestellt wurden, wie dies nur wenig später durch den neuen Feminismus und seine Beschreibung der patriarchalischen Ethik als nicht reformierbar geschah.

In der hoffnungsvollen Situation der frühen bis mittleren sechziger Jahre hielt man die Entwicklung von einer patriarchalischen zu einer partnerschaftlichen Ehe- und Familienform durchaus für möglich, wenngleich nur in einem gemeinsamen Umdenken.

„Ein Wiederbelebungsversuch der patriarchalischen Vaterschaft würde nicht die Vaterschaft Gottes transparent werden lassen, sondern sie im Gegenteil geradezu verstellen ... Der Abbau des Patriarchalismus dagegen läutert die Güte und Väterlichkeit des Mannes, vergeistigt sie und stellt sie deutlicher dar. ... Wenn man eine inhaltliche Beschreibung der einzelnen Komponenten der Väterlichkeit und Mütterlichkeit versuchen würde, so käme man zu einer Anzahl annähernd gleicher oder nur nuancierter menschlicher Haltungen wie Güte, Verstehen, Strenge, Verzeihen, Fürsorge, Selbstlosigkeit und einer Spannungseinheit von Liebe und Autorität. ... Mütterlichkeit entsteht, wenn die eben genannten Haltungen von einer weiblichen Person realisiert werden, Väterlichkeit, wenn eine männliche Person sie integriert. ... Die Zuordnung von Mann und Frau in der partnerschaftlich gelebten Ehe ermöglicht es, einen geistigen Raum zu stiften,in welchem Kinder sich zurechtfinden, aufwachsen und für die eigentlichen Erfahrungen des Lebens einen Rückhalt haben.“[50]

Ging es bei Ehe und Familie um eine Neugestaltung von immer schon bestehenden menschlichen Beziehungen (als Ehegatten bzw. Eltern und Kinder), so war für die Berufswelt, in welche auch die Frau eingegliedert wurde, nachdem die Familie durch die Industrialisierung ihren Charakter als Produktionsgemeinschaft verloren hatte, nach neuen ethischen Normen Ausschau zu halten. Ein Blick auf die Anweisungen zur Frauenseelsorge in den Handbüchern bis zur Mitte dieses Jahrhunderts zeigt, daß die Moral- und Pastoraltheologie diese Aufgabe sehr lange übersahen, weil sie die Berufstätigkeit der Frau (abgesehen von den „Frauenberufen") als einen Notstand oder eine Fehlentwicklung betrachteten. Erst die von Frauen proklamierte menschliche Eigenständigkeit der Frau, ihr Bewußtsein der Mitverantwortung für die „Weltgestaltung", führte zu einer neuen Konzeption von Berufsethik. Schon in den dreißiger Jahren hatte Edith Stein die damals revolutionären Sätze geschrieben:

> „Im Notfall kann jede normale und gesunde Frau einen Beruf ausüben. Und: es gibt keinen Beruf, der nicht von einer Frau ausgeübt werden könnte."[51]

Sie protestierte damit sowohl gegen die einseitige Betonung der Mutterschaft als auch für eine Entfaltung der individuellen Anlagen der Frauen in „Kulturleistungen". Wenngleich Edith Stein in ihrer Bibelinterpretation noch ohne die historisch-kritische Methode auskommen mußte und daher auf diesem Gebiet keine emanzipatorischen Impulse von ihr ausgehen konnten, hat sie doch den Eintritt der Frau in die moderne Berufswelt zu entdämonisieren gewußt, ähnlich wie die ihr sehr verwandte Simone Weil, wird aber im Gegensatz zu dieser von der heutigen Feministischen Theologie vergessen oder in ihrer Bedeutung nicht richtig gesehen.[52]

Schon vor dem Einsetzen des neuen Feminismus wehrten sich Frauen dagegen, einem vom Mann entworfenen Bild der Frau nachzukommen und die Berufswelt als männlich anzusehen, weil sie – außer in den sogenannten Frauenberufen – keine Gelegenheit zur Entfaltung der Mütterlichkeit gab.

„Weshalb hat es so schwer gehalten, daß sich die Berufstätigkeit der Frau in der modernen Gesellschaft als etwas mehr und mehr Selbstverständliches durchsetzen konnte? Dies rührt daher, daß das Bild der Frau bisher vom Mann entworfen wurde ... Ironisch gesagt: So sehen wir euch – so habt ihr zu sein. Die Frau im Entwurf des Mannes ist aber nicht die Frau schlechthin ... Schauen wir uns die moderne Frau einmal genauer an. Wir sehen an ihr Anlagen und geistige Fähigkeiten durchbrechen, die nicht allein aus der Mütterlichkeit hervorgehen können. Sie versteht sehr rationell zu planen, sie hält sich an ihre Konzepte, liebt die Klarheit und Ordnung, richtet sich nach logischen Gesetzen, ist geschäftstüchtig. Als Schriftstellerin und auch als Briefschreiberin bevorzugt sie oft einen kristallinen Stil. Diese Eigenschaften begegnen uns heutzutage sowohl bei berufstätigen unverheirateten Frauen als auch bei Ehefrauen mit Kindern. Das Bild der Frau zeigt sich in festeren Konturen.“[53]

Es war lange Zeit nötig, sich als Frau im Beruf gegen den Vorwurf der Vermännlichung durch eine rationale und technisierte Berufswelt zu verteidigen, weil „Vermännlichung“ mit Entfremdung verwechselt wurde und man nicht sah, daß dieser Zustand der Arbeitswelt beide Geschlechter bedroht. Auch mußte darauf aufmerksam gemacht werden, daß in der Frühzeit der Industrialisierung bei den ausgebeuteten Frauen der Arbeiterklasse solche Rücksichten nicht genommen wurden.

Der von konservativer Seite kritisierte Nivellierungsprozeß, der eine Arbeitsteilung nach Geschlechtern in der Industriegesellschaft immer weniger erkennen ließ, wurde positiv gedeutet, als eine gegenseitige Mitteilung der zuvor stärker getrennten Bereiche von Mann und Frau, womit die Hoffnung einer „menschlicheren Welt“ verbunden wurde[54].

Die Doppelbelastung der Frau durch Familienaufgaben und Beruf empfanden die Betroffenen bei partnerschaftlicher Eheführung nicht als Überforderung; kam es doch darauf an, die Berechtigung auch der verheirateten Frau zur Berufsarbeit für Gesellschaft und Kirche einsichtig zu machen. Daß es eine ethische Motivierung zur Berufstätigkeit bei verheirateten wie unverheirateten Frauen gebe, war damals noch nicht selbstverständlich. Es bedurfte des deutlichen Hinweises, daß Frauen über ihre Aufgabe als Hausfrau und Mutter hinaus immer gearbeitet haben, ob in der Landwirtschaft oder im Handwerksbetrieb, und daß diese Arbeit weiterhin als ihr Teil der Lebensermöglichung auf sie wartet, auch wenn dazu der häusliche Bereich verlassen werden muß.

Frauen, die eine qualifizierte Berufsausbildung erhalten hatten, fühlten sich, auch im Hinblick auf die öffentlichen Investitionen in Schulen und Universitäten, nicht mehr berechtigt, zugunsten einer Ehe das Erworbene brachliegen zu lassen. Bei der Nachkriegsgeneration entwickelten sich relativ zueinander das Bewußtsein der Eigenständigkeit und der sozialen Verpflichtung, das als Motivierung zur Berufstätigkeit jedoch sehr unterschätzt wurde, weil viele Frauen sich noch scheuten, diese Motive bei Befragungen anzugeben. So war es äußerst trügerisch, wenn die Statistiken den Gelderwerb und die Bedürfnisse des Lebensstandards als einziges oder stärkstes Motiv weiblicher Berufstätigkeit nannten. Die Erwartungen, daß „Mitmenschlichkeit“ und „allgemein menschliche Partnerschaft“ die patriarchalischen Lebensformen ablösen würden, waren explizit oder implizit weit verbreitet, aber vielleicht allzu hoch gespannt.

Nachdem der neue Feminismus sich von der Neuen Linken abgelöst hatte, weil die Frauen durch das antifeministische Verhalten auch dieser politischen Richtung enttäuscht worden waren, entwickelten feministische Autorinnen ihre radikale Gesellschafts- und Kulturkritik. Die Feministische Theologie zeigt, davon beeinflußt, eine sehr kritische Einstellung zu den bestehenden Institutionen. Ähnliches wie bei der in den sechziger Jahren zu beobachtenden Fortentwicklung von der patriarchalischen Exegese, die in Amerika noch nicht genügend rezipiert war, als der Feminismus seine These vom unrettbar patriarchalischen Gott des Christentums verbreitete, geschah auch auf diesem Gebiet. Daß das Christentum längst begonnen hatte, sich zu entpatriarchalisieren[55], wurde nicht wahrgenommen (oder nicht ernst genommen), und die Feministische Theologie Amerikas verkündete in der Mitte der siebziger Jahre apodiktisch: „Christian theology has failed to grant equality to women."[56]

Sicher war die vom Feminismus geübte Kritik an den Institutionen auch für die Theologie heilsam, weil sie zeigt, welche Gefahren struktureller Art ihnen immanent sind, und weil sie erkenntlich macht, daß es nicht die Schuld der Individuen sein muß, wenn ihre Beziehung an den Strukturen zerbricht[57]. Aber die Strukturen verändern zu können, war ja gerade die Hoffnung der frühen und mittleren sechziger Jahre gewesen, nicht nur was Familie und profane Gesellschaft, sondern auch, was das kirchliche Leben betrifft.

Die Enttäuschung und Resignation der nachkonziliaren Zeit ebenso wie die veränderte weltpolitische und ökologische Situation ließen die Feministische Theologie pessimistischer werden. Sie teilt mit dem Feminismus die Sorge, daß eine patriarchalische und androzentrische „Moral", welche es nicht vermag, in der Zukunft Kriege zu verhüten und mit den Schätzen der Erde hauszuhalten, zum Unheil der Menschheit die Oberhand behält. Was Kate Millett Ende der sechziger Jahre schrieb, stimmt zum größten Teil noch: „Das Militär, die Industrie, die Technologie, die Universitäten, die politischen Ämter, das Finanzwesen, kurz jeder Zugang zur Macht, einschließlich der Polizeigewalt, liegt in männlichen Händen."[58] Was nützen da die kleinen Breschen, die ein liberaler Geist, sei er christlicher oder nachchristlich-humanistischer Herkunft, in das Patriarchat geschlagen hat?

Die Feministische Theologie Amerikas kritisiert an der bisherigen christlichen Ethik, daß sie zwar zu einem – höchst ambivalenten – Opfergeist inspirieren und zu Handlungen des Mitleids motivieren konnte, aber es an einem theoretischen Fundament zur Durchsetzung sozialer Gerechtigkeit fehlen ließ[59]. Zu ihrem Streben nach menschlicher Ganzheitlichkeit gehört vor allem, die Abspaltung des Politischen vom persönlichen Ethos zu überwinden. An den herkömmlichen christlichen Tugenden übt sie Kritik, indem sie den Unterdrückten Zorn und Selbstachtung empfiehlt, den Mächtigen dagegen die Tugenden der Demut und Selbstverleugnung. Nur dieser „Austausch" führt zur Befreiung beider Gruppen[60].

Rosemary Radford Ruether sieht die Frauenrevolution im „Mittelpunkt (des) Zusammenstoßes zwischen den widerstreitenden Richtungen der Befreiungsbewegungen."[61] Mit dem Feminismus versteht sie die Frauen als die ersten und ältesten Unterdrückten, die „mit der Natur, der Erde und dem Körper in ihrer verachteten und verworfenen Form identifiziert" wurden. Revolution der Frauen bedeutet, „die menschlichen Eigenschaften des Intellektes, des Willens und des autonomen kreativen Bewußtseins für sich (zu) beanspruchen, die ihnen durch die psycho-soziale Polarisation in ihrer ursprünglichsten Form abgesprochen wurden." In dieser Versöhnung von Naturseite und Geist sollen die Frauen „Fürsprecher einer neuen Humanität" werden und „eine neue kooperative soziale Ordnung ... schaffen jenseits von Hierarchie, Herrschaft und Wettbewerb." Es entsteht die Utopie einer messianischen Epiphanie, in der „die Werte des die Welt transzendierenden Jahwe mit denen des welterneuernden Baal in einer nachtechnologischen Religion der Wiederversöhnung mit der Erde vereinigt" werden.

Hier verliert die feministisch-theologische Utopie ihre Konturen. Sie sagt nicht mehr, wie sie die Entfremdung durch die „Megamaschine" abschaffen (und doch gleichzeitig deren Produktivkraft ausnutzen) will, um den Menschen wieder mit der Arbeit zu versöhnen. Wenn das Baalsmotiv in der Utopie eine Offenheit für Werte aus den außerchristlichen Religionen besagen soll, so hätte es dafür besser geeignete Symbole gegeben. Wenn es ein Ungenügen an der jüdisch-christlichen Tradition ausdrücken soll, dann wäre darauf hinzuweisen, daß Jahwe nicht (nur) welttranszendent, sondern Schöpfergott und Geschichtslenker ist, der nach Ausweis des Alten Testamentes die Erwartungen mythischer Frömmigkeit miterfüllt.

Richtig wurde von der Feministischen Theologie gesehen, daß das Frauenproblem mit der Überwindung von Spaltungen zu tun hat und insofern ein „ökumenisches" ist. Daher gehört es in einen wichtigen ekklesiologischen Kontext. Das Zweite Vatikanische Konzil hat sich bekanntlich in seinem Ökumenismus-Dekret der Mitschuld an dem Ärgernis der Spaltung angeklagt und sowohl Gott als auch die „getrennten Brüder" um Verzeihung gebeten. In einem „sensus plenior" könnte man darin auch den Willen zur Überwindung anderer Spaltungen erblicken wie der zwischen Priestern und Laien, Männern und Frauen.

# Anmerkungen

## EINLEITUNG

### *Zum Begriff der Feministischen Theologie*

[1] Feministische Theologie ist im doppelten Sinn Genitivtheologie (Theologie der Frauen): als Theologie von Frauen und über Frauen. Wie in den weniger radikalen Gruppierungen des neuen Feminismus wird jedoch auch in der Feministischen Theologie die Mitarbeit von Männern begrüßt. Dies gilt aber vornehmlich für die Forschung. Denn Feministische Theologie als Ausdruck von Erfahrung kann naturgemäß nur von Frauen beigesteuert werden. Zur Genitiv-Theologie vgl. auch Catharina J. M. Halkes, *Gott hat nicht nur starke Söhne. Grundzüge einer feministischen Theologie,* Gütersloh 1980, 32; dieselbe, *Feministische Theologie. Eine Zwischenbilanz,* in: Concilium 16 (1980), 294.
[2] Vgl. zu dieser Problematik u. a. Leo Scheffczyk, *Die Theologie und die Wissenschaften,* Aschaffenburg 1979; Hans Albert, *Das Elend der Theologie. Kritische Auseinandersetzung mit Hans Küng,* Hamburg 1979; Wolfhart Pannenberg, *Wissenschaftstheorie und Theologie,* Frankfurt 1973 und spätere Auflagen.
[3] Vgl. dazu June O'Connor, *Liberation Theologies and the Women's Movement: Points of Comparison and Contrast,* in: Horizons 2 (1975), 103–113. Vgl. auch Rosemary Radford Ruether, *Liberation Theology. Human Hope Confronts Christian History and American Power,* New York 1972 mit weiteren Literaturangaben.
[4] Vgl. Mary Daly, *Beyond God the Father: toward a Philosophy of Women's Liberation,* Boston 1973, deutsch: *Jenseits von Gottvater, Sohn & Co. Aufbruch zu einer Philosophie der Frauenbefreiung,* München 1978, 31 f. 34.50.
[5] Vgl. Marielouise Janssen-Jurreit, *Sexismus. Über die Abtreibung der Frauenfrage,* Frankfurt 1979 (FT 3704), 29.

## 1. KAPITEL

### *Theologie – Feminismus – Feministische Theologie*

[1] Anton Houtepen, Zitat bei Catharina J. M. Halkes, *Gott hat nicht nur starke Söhne. Grundzüge einer feministischen Theologie,* Gütersloh 1980, 33.
[2] Für das Folgende vgl. Engelbert Neuhäusler, Elisabeth Gössmann, *Was ist Theologie?* München 1966. Es kann hier jedoch nur auf einige theologische

Disziplinen eingegangen werden, was nicht heißt, daß für die übrigen, wie z. B. Liturgiewissenschaft, Katechetik, Missionswissenschaft etc., der feminologische Aspekt ohne Bedeutung wäre.

[3] Es ist interessant zu wissen, daß die Pastoraltheologie als Universitätsdisziplin einer Frau ihre Entstehung verdankt. Sie wurde nämlich durch eine Verordnung der Kaiserin Maria Theresia 1777 nach dem Entwurf von Rautenstrauch an der Wiener Universität eingeführt. Man muß allerdings bedenken, daß sich die Kaiserin von der Mitarbeit des Klerus die Erziehung guter Staatsbürger versprach.

[4] Diskussionsbeitrag von Theresia Hauser am 25. 2. 1981, Studientag der Pastoralen Impulsstelle für Frauen in Bayern, München-Fürstenried.

[5] Vgl. z. B. P. Lasslop, Artikel *Männlich/weiblich,* in: Joachim Ritter, Karlfried Gründer (Ed.), *Historisches Wörterbuch der Philosophie* B. 5, Sp. 740–749.

[6] Ida Raming, *Die inferiore Stellung der Frau nach geltendem Kirchenrecht,* in: Concilium 12 (1976), 30. Vgl. zu dieser hier nur kurz umrissenen Problematik auch James A. Coriden (Ed.), *Sexism and Church Law. Equal Rights and Affirmative Action,* New York/Ramsey, N. Y./Toronto, 1977. Die einzelnen Beiträge urteilen verschieden über die nachkonziliare Gesetzgebung bzw. die Vatikanischen Dokumente der letzten Jahrzehnte, wenngleich feststeht, daß die Konzilstexte frei sind von Frauendiskriminierung. Nadine Foley O.P. faßt ihre Ergebnisse folgendermaßen zusammen: „This survey of selected texts from official Vatican documents of the past twenty-five years supports the conclusion that they are informed by a distinctive ontology of woman. This ontology is distinctive for one category of human beings because by implication women's nature has a specificity revealed through a unique set of personal traits evident in her behavior. These characteristics are interpreted as necessarily flowing from the woman's child bearing function in procreation which in turn dictates her primary and indispensable role in nurturing children in the family. It is a role of complementarity with men whose educative influence in the family is necessary but secondary. The familial role of women is essential and normative. All other possibilities which may open to women through sociocultural development are legitimate for her to the extent that her complement of unique „feminine" qualities can be expressed in a nurturing supportive capacity. The rights of women are those compatible with her nature understood in this way. The championing of these rights, which is to say in another way the preservation of women's dignity, is taken as a special responsibility of the Church. This follows from the conviction that the ontology of woman may be expressed philosophically, but its final guarantee is in the divine order of things. The theological foundation is claimed to be ultimately rooted in the revelation contained in the first two chapters of Genesis. It is thus deemed to be absolute and unchangeable." (S. 98).

[7] Vgl. Ulrich Hoffmann, *Sprache und Emanzipation. Zur Begrifflichkeit der feministischen Bewegung,* Frankfurt/New York 1979, 57.

[8] Vgl. etwa den Titel des Buches von Herrad Schenk, *Die feministische Herausforderung. 150 Jahre Frauenbewegung in Deutschland,* München 1977.

[9] Jutta Menschik, *Feminismus. Geschichte, Theorie, Praxis,* Köln 1979², 9.

[10] *Lexikon der Frau* (Redaktion Gustav Keckeis, Blanche Christine Olschak), Bd. 1, Zürich 1953, Sp. 1021.

[11] Vgl. dazu das Kapitel „Frauenbewegung" bei Elisabeth Gössmann, *Die*

*Frau und ihr Auftrag. Gestalten und Lebensformen,* Freiburg 1965, 149–170; Herrad Schenk (Anm. 8); Elisabeth Moltmann-Wendel, *Frauenbefreiung. Biblische und theologische Argumente,* (2. veränderte Auflage von *Menschenrechte für die Frau),* München/Mainz 1978, 15–77; Dorothea Frandsen, *Helene Lange. Ein Leben für das volle Bürgerrecht der Frau,* Freiburg 1980. Zur Geschichte der amerikanischen Frauenbewegung finden sich zahlreiche Darstellungen in den Veröffentlichungen amerikanischer Feministinnen, z.B. bei Shulamith Firestone, *The Dialectic of Sex,* deutsch: *Frauenbefreiung und sexuelle Revolution,* Frankfurt 1970, 21–42.

12 Vgl. Gayle Graham Yates, *„What Women Want. The Ideas of the Movement,* Cambridge, Mass./London 1976², 35: „The women's rights branch of contemporary feminism has been called conservative feminism."

13 Betty Friedan, *The Feminine Mystique,* 1963, deutsch: *Der Weiblichkeitswahn oder die Mystifizierung der Frau,* Hamburg 1966, gilt als Auftakt zum neuen Feminismus.

14 Vgl. Gayle Graham Yates (Anm. 12), 65–73.

15 Zitat nach Gayle Graham Yates (Anm. 12), 9.

16 Shulamith Firestone (Anm. 11), 100–118.

17 Jutta Menschik z. B. sieht die Frauenfrage als „Bestandteil der allgemeinen sozialen Frage" und kann einen „Frauenstandpunkt als Metaposition – über politisch links und rechts schwebend – nicht nachvollziehen" (Anm. 9), 11. Marielouise Janssen-Jurreit dagegen ist der Meinung, daß die marxistische Erklärung für die Unterdrückung der Frau nicht hinreiche, da diese auch schon vor der Entstehung des Privateigentums bestanden habe. Für sie ist das Frauenproblem der sozialen Frage noch vorgelagert. Vgl. das 9. Kap. ihres Buches *Sexismus. Über die Abtreibung der Frauenfrage,* Frankfurt 1979 (FT 3704), 149–173. Vgl. auch Herbert Marcuse, *Marxismus und Feminismus,* in:*Zeitmessungen,* edition suhrkamp 770, Frankfurt 1975, 9–20.

18 Vgl. die programmatische Schrift von Anne Koedt, *The Myth of the Vaginal Orgasm,* 1968, dazu Gayle Graham Yates (Anm. 12), 106–108.

19 Vgl. dazu Gayle Graham Yates (Anm. 12), 103–106, Jutta Menschik (Anm. 9), 86–89.

20 Gegen Männerhaß und Frauenghetto äußert sich mit Vehemenz die „Altmeisterin" des Feminismus, Simone de Beauvoir. Dazu Jutta Menschik (Anm. 9), 51.

21 Für die Abschaffung von Schwangerschaft und Geburt kämpft Shulamith Firestone (Anm. 11), 180–189. Wegen des Plädoyers für künstliche Fortpflanzung wird jedoch zu Unrecht von vielen Lesern und Leserinnen das gesamte Buch verurteilt, dessen feinsinnige Analyse von „Liebe" (6. Kapitel) sowie kulturgeschichtliche und kulturphilosophische Betrachtungen (8. und 9. Kapitel) auch von theologischer Seite beachtet werden sollten. Eine feministische Kritik an Shulamith Firestone's Äußerungen zum Fortpflanzungsproblem findet sich bei Marielouise Janssen-Jurreit (Anm. 17), 557ff. Der Feminismus ist im allgemeinen weit davon entfernt, die Gebärfähigkeit der Frau geringzuschätzen. Solche Tendenzen finden sich nur vereinzelt.

22 Anne Koedt, zitiert nach Jutta Menschik (Anm. 9), 58.

23 (Anm. 9), 91.

24 Vgl. Gayle Graham Yates (Anm. 12), 117–170.

25 Vgl. dazu Jutta Menschik (Anm. 9), 60–66. Es geht hier um den Abbau einer gesteigerten Geschlechtspolarität und nicht darum, daß Frauen die Plätze mit Männern tauschen, wie man irrtümlich gemeint hat.

[26] Zu der zum Bereich der Frauenrechtsbewegung gehörenden Frage des Schwangerschaftsabbruchs in der Feministischen Theologie vgl. einerseits Sidney Cornelia Callahan, *Ein christlicher Standpunkt zum Feminismus,* in: Elisabeth Moltmann-Wendel (Ed.), *Menschenrechte für die Frau,* München/Mainz 1974, 81–92. „Die Geburtenkontrolle durch Abtreibung scheint mir eine höchst erschreckende Negation von Leben und Liebe zu sein. Das Verlangen der Frauenrechtlerinnen nach Abtreibung je nach Bedarf ist ein Rückfall in eine individualistische ‚Ich kann mit meinem Eigentum machen, was ich will'-Auffassung des Lebens." Zitat S. 92. Andererseits vgl. Jean Mac Rae, *A Feminist View of Abortion,* in: Judith Plaskow, Joan Arnold (Ed.), *Women and Religion,* Revised Edition, Missoula, Montana, 1974, 139–149.

[27] Vgl. die Beiträge in: Concilium 16 (1980), 230–306.

[28] Vgl. die Kapitel über Ehe und Familie bei Catharina J. M. Halkes, *Frau, Welt, Kirche. Wandlungen und Forderungen,* Wien/Köln 1967.

[29] Vgl. Elisabeth Gössmann, *Das Bild der Frau heute,* Düsseldorf [2]1967, 22–27.

[30] Vgl. dazu Gertrud Heinzelmann, *Wir schweigen nicht länger/We Won't Keep Silence any Longer,* Zürich o. J. (1965).

[31] Elisabeth Gössmann (Anm. 29), 35.

[32] Vgl. dazu Elisabeth Gössmann, *Mann und Frau in Familie und Öffentlichkeit,* München 1964, 46f.

[33] Sheila D. Collins, *A Different Heaven and Earth,* Valley Forge 1974, 17.

[34] Vgl. Elisabeth Schüssler Fiorenza, *Feminist Theology as a Critical Theology of Liberation,* in: Walter J. Burghardt (Ed.), *Woman: New Dimensions,* New York 1977[2], 34f.; dieselbe, *Feminist Spirituality. Christian Identity and Catholic Vision,* in: Carol P. Christ, Judith Plaskow (Ed.), *Womanspirit Rising. A Feminist Reader in Religion,* New York 1979, 136–147, bes. 145 f.

[35] Zitat nach Catharina J. M. Halkes, Daan Buddingh (Ed.), *Wenn Frauen ans Wort kommen,* Gelnhausen/Berlin/Stein 1979, 6.

[36] Zur Kritik an Gertrud von le Fort vgl. Elisabeth Gössmann (Anm. 11), 238–249; dieselbe (Anm. 29), 21f. Mary Daly, *The Church and the Second Sex,* 1968, deutsch: *Kirche, Frau und Sexus,* Olten/Freiburg 1970, 134–158.

## 2. KAPITEL

### *Die religionsgeschichtliche und psychologische Herausforderung durch den Feminismus*

[1] Vgl. u.a. Esther Harding, *Frauen-Mysterien einst und jetzt,* Zürich 1949; Erich Neumann, *Die Große Mutter,* Zürich 1956; Ann Belford Ulanov, *The Femine in Jungian Psychology and in Christian Theology,* Evanston 1971.

[2] Heide Göttner-Abendroth, *Die Göttin und ihr Heros,* München 1980, 9. Vgl. zum Thema der „Göttin" Elizabeth Gould-Davis, *The First Sex,* 1971 (Penguin Books 1979), ein Buch, das jedoch wegen entstellender Darstellung des Christentums auch von feministisch-theologischer Seite kritisiert wurde.

[3] Dazu jedoch schon Erich Fromm, in: *Märchen, Mythen, Träume,* Zürich 1957, 197: „Die Heftigkeit der Gegnerschaft gegenüber der Matriarchatstheorie erregt den Verdacht, daß die Kritik nicht ganz frei war von einem af-

fektbedingten Vorurteil gegen eine dem Denken und Fühlen unserer patriarchalen Kultur so fremde Annahme."

4 Vgl. Heide Göttner-Abendroth (Anm. 2), 16; Naomi R. Goldenberg, *Changing of the Gods. Feminism and the End of Traditional Religions,* Boston 1979, 59–64. Den Jungschen Ansatz in der Feministischen Theologie zeigen die Veröffentlichungen von Ann Belford Ulanov.

5 Vgl. z. B. die durch Feministische Initiative wieder aufgelegte Schrift von Josefine Schreier, *Göttinnen. Ihr Einfluß von der Urzeit bis zur Gegenwart,* ed. Gisela Meussling, München 1977, 63–79.

6 Merlin Stone, *When God was a Woman,* New York 1976, bes. 103–128. Vgl. Sarah B. Pomeroy, *Goddesses, Whores, Wives, and Slaves. Women in Classical Antiquity,* London 1976, 13f. Vgl. das Kap. „The Decline of the Mother Goddess" bei Elizabeth Fisher, *Woman's Creation. Sexual Evolution and the Shaping of Society,* Garden City, N.Y., 1979, 281–297.

7 Heide Göttner (Anm. 2), 127: „Das Christentum imitiert mit der Trinität von Vater-Sohn-Heiliger Geist die matriarchale Triade der Göttin. Der Vatergott herrscht im Himmel, der Gottessohn lebt auf der Erde, und der Heilige Geist verbindet die Sphären von Diesseits und Jenseits (Andere Welt). Die Göttin, der diese Dreiheit nachgebildet ist, ist wahrscheinlich Iahu, die kosmische Taube des Vorderen Orient. In der Schöpfungsgeschichte taucht Jahwe mit ihrem Namen, in ihrer Gestalt und in ihrer Schöpferfunktion auf." – Ungenaue Aussagen über das Christentum in dieser Art von Literatur vermindern allerdings auch das Vertrauen auf die Verläßlichkeit der religionsgeschichtlichen Forschungsergebnisse.

8 Vgl. etwa Marielouise Janssen-Jurreit, *Sexismus. Über die Abtreibung der Frauenfrage,* Frankfurt 1979 (FT 3704), 97–111.

9 Johann Jakob Bachofen, *Das Mutterrecht,* ed. Hans-Jürgen Heinrichs, Frankfurt (StW 135), 1980³, 11.

10 A. a. O. 57.

11 Vgl. Anm. 4.

12 Naomi R. Goldenberg (Anm. 4), 3.

13 A. a. O. 6.

14 A. a. O. 22.

15 „Jungfräulich" im archaisch-religionsgeschichtlichen Sinne bedeutet nach der zitierten Literatur entweder eine ursprüngliche Androgynie der Muttergöttin, oder eine Erhabenheit über ihre Liebhaber, aber keine sexuelle Enthaltsamkeit. Diesen Sinn habe der Begriff erst in patriarchalischer Zeit angenommen.

16 Naomi R. Goldenberg (Anm. 4), 75–78. Elizabeth Fisher (Anm. 6), 381–383.

17 Deutsche Übersetzung: *Kirche, Frau und Sexus,* Olten/Freiburg 1970, 178–182.

18 Deutsche Übersetzung: *Jenseits von Gottvater, Sohn & Co. Aufbruch zu einer Philosophie der Frauenbefreiung,* München 1980. Man beachte das eigens für die deutsche Ausgabe geschriebene Vorwort von 1980, in dem Mary Daly ihre gegenüber 1973 wiederum veränderte Position erläutert. Die in dem Buch vertretene androgyne Lösung ist z. Zt. des Erscheinens der deutschen Übersetzung also nicht mehr akzeptabel für sie.

19 A. a. O. 8.

20 Zum Begriff des Ikonoklasmus vgl. Rosemary Radford Ruether, *Liberation Theology. Human Hope Confronts Christian History and American Po-*

*wer,* New York 1972, 178f. Demnach stammt die Rede vom Ikonoklasmus aus der lateinamerikanischen Befreiungsbewegung (Paulo Freire) und dient der Entlarvung von falschem Bewußtsein, das die Machtstrukturen unterstützt. Die Feministische Theologie in ihrer radikaleren Ausprägung rechnet dazu auch das Idol von „phallic worship".

[21] A.a.O. (Anm. 18), 44.

[22] A.a.O. 51. [23] A.a.O. 53ff. [24] A.a.O. 64.

[25] A.a.O. 66. Um einen Eindruck von der deutlichen Bildersprache Mary Dalys zu vermitteln: „The method of liberation ... involves a castrating of language and images that reflect and perpetuate the structures of a sexist world. It castrates precisely in the sense of cutting away the phallus-centered value system imposed by patriarchy." *Theology after the Demise of God the Father: A Call for the Castration of Sexist Religion,* in: Judith Plaskow, Joan Arnold (Ed.), *Women and Religion,* Revised Edition, Missoula, Montana 1974, 3–19, Zitat S. 8.

[26] A.a.O. 91.

[27] A.a.O. 106f.

[28] A.a.O. 116.

[29] A.a.O. 116.

[30] A.a.O. 149.

[31] A.a.O. 163.

[32] A.a.O. 193.

[33] A.a.O. 199f.

[34] Stellungnahmen von Seiten der Feministischen Theologie Amerikas zu diesem Werk Mary Dalys und eine Antwort von ihr selbst auf diese Stellungnahmen finden sich in einem Symposium in: Horizons 2 (1975), 103–124. Zu Mary Dalys berühmtem Schlagwort „sisterhood of man" vgl. *The Spiritual Revolution: Women's Liberation as Theological Re-education,* in: Andover Newton Quarterly (1972), 163–176.

## 3. KAPITEL

### *Auf dem Weg zu einer nicht mehr patriarchalischen Exegese und Bibeltheologie*

[1] Daß daneben noch zahlreiche Veröffentlichungen der sechziger Jahre jene „Theologie der Frau" vertreten, die biblische Texte im Sinne von Zweitrangigkeit, Sündenverhaftung und Unterordnung der Frau erklärt sowie die Einschränkungen ihrer Wirksamkeit im kirchlichen Leben „wörtlich" – und eben doch nicht wörtlich, da ohne hermeneutisches Verstehen – übernimmt, muß hier unberücksichtigt bleiben.

[2] Anna Paulsen, *Geschlecht und Person. Das biblische Wort über die Frau,* Hamburg 1960, 17.

[3] Elisabeth Gössmann, *Mann und Frau in Familie und Öffentlichkeit,* München 1964, 18. Auch Pierre Grelot, *Mann und Frau nach der Heiligen Schrift,* Mainz 1964, 35 deutet Gen. 1,28.29 als Übertragung einer Herrschaft über die Erde, die Mann und Frau miteinander ausüben sollen.

[4] Hildegard Harmsen, *Die Frau heute. Fragen an die Kirche,* Bergen – Enkheim 1967, 23.

[5] Ätiologie kommt von griechisch aitia = Ursache. Von Ätiologie spricht man, wenn ein alttestamentlicher Schriftsteller für eine Erscheinung in seiner Gegenwart nach einer Erklärung sucht und dazu eine Geschichte erzählt. Von Ätiologie inbezug auf Schöpfungs- und Sündenfall-Erzählung ist in den Bibelkommentaren schon mindestens seit den vierziger Jahren die Rede. In die Studien zur theologischen Anthropologie gelangte diese Erklärung aber erst in den sechziger Jahren. Vgl. bes. Norbert Lohfink, *Gen. 2f als „geschichtliche Ätiologie"*, in: Scholastik 38 (1963), 321 ff. Karl Hermann Schelkle, *Der Geist und die Braut. Die Frau in der Bibel,* Düsseldorf 1977, 15–28; Josef Burri, *Als Mann und Frau schuf er sie. Differenz der Geschlechter aus Moral- und praktisch-theologischer Sicht,* Einsiedeln 1977, 125–134; Elisabeth Schüssler Fiorenza, in: Letty M. Russell (Ed.), *The Liberating Word. A Guide to Nonsexist Interpretation of the Bible,* Philadelphia 1976, deutsch: *Als Mann uund Frau ruft Er uns. Vom nicht-sexistischen Gebrauch der Bibel,* München 1979, 38–40. Dazu ist allerdings zu bemerken, daß nicht erst, wie die Verf. behauptet, neuere feministische Untersuchungen „klargemacht (haben), daß die Genesiserzählung, weit davon entfernt, ‚sexistisch' zu sein, eine absolute Gleichwertigkeit von Mann und Frau vertritt." – Sharon Neufer Emswiler, *The Ongoing Journey: Women and the Bible,* New York 1977, 19–32.

[6] Frank Crüsemann, *„... er aber soll dein Herr sein" (Genesis 3, 16). Die Frau in der patriarchalischen Welt des Alten Testamentes,* in: Frank Crüsemann, Hartwig Thyen, *Als Mann und Frau geschaffen,* Kennzeichen 2, Gelnhausen/Berlin/Stein 1978, 64 f. Zur androzentrischen Auslegungsgeschichte der ersten drei Genesiskapitel vgl. Jean Marie Aubert, *La Femme. Antiféminisme et Christianisme,* Paris 1975, 83–192.

[7] Elisabeth Schüssler, *Der vergessene Partner. Grundlagen, Tatsachen und Möglichkeiten der beruflichen Mitarbeit der Frau in der Heilssorge der Kirche,* Düsseldorf 1964, 47. Auch schon die Frauen, die 1895 *The Woman's Bible* herausgegeben hatten, wußten um die Quellenverschiedenheit der beiden Schöpfungs-„Berichte" und erlebten den tatsächlichen Befund der biblischen Texte als befreiend. Dieses Buch wurde von feministischer Seite neu ediert. Vgl. Elizabeth Cady Stanton, *The Original Feminist Attack on the Bible (The Woman's Bible),* New York 1974, 14–27.

[8] Zwar beachtet schon Elsie Thomas Culver, *Woman in the World of Religion. From Pagan Priestesses to Ecumenical Delegates,* Garden City/N.Y. 1967, 1–12 die religionsgeschichtliche Erscheinung der Verehrung weiblicher Gottheiten vor und um Israel und auch in der israelitischen Volksreligion, aber sie tut dies noch nicht im Hinblick auf eine Identifikationsmöglichkeit für Frauen, und auch noch nicht unter Abwertung des Jahweglaubens. Vgl. bes. S. 40.

[9] Pierre Grelot (Anm. 3), 29. Selbstverständlich erwähnt auch Grelot (S. 30), daß die Volksreligion im alten Israel ebenso wie der von den Königen am Tempel in Jerusalem ausgeübte Kult in einen Synkretismus mit kanaanäischen Gottheiten verfiel. Zur Verehrung weiblicher Gottheiten in alttestamentlicher Zeit vgl. Raphael Patai, *The Hebrew Goddess,* New York 1967. Vgl. ferner Clarence J. Vos, *Woman in Old Testament Worship,* Delft 1968, 39–44.

[10] Elisabeth Gössmann (Anm. 3), 21. Elsie Thomas Culver (Anm. 8), 17: „This God was not just one of a pantheon of gods, each representing a certain human quality. He combined all attributes, and in his own image created

man and woman who together reflected their Creator." Zur Vielfalt der Interpretationen von Gen 1,27 vgl. Josef Burri (Anm. 5), 136–139.

[11] Diesen Gesichtspunkt berücksichtigt bereits Helga Rusche, *Töchter des Glaubens. Frauen im Alten Testament,* Mainz 1959. Die sorgfältige Studie zur Identifizierung alttestamentlicher Frauen von Edith Deen, *All the Women of the Bible,* New York 1955, soll hier nicht unerwähnt bleiben.

[12] Anna Paulsen (Anm. 2), 34–47. Vgl. auch das Kapitel „Debora und Hanna. Die Berufung der Frau in der Heilsgeschichte" bei Elisabeth Gössmann, *Die Frau und ihr Auftrag. Gestalten und Lebensformen,* Freiburg 1965, 15–40. – 1967 macht Elsie Thomas Culver (Anm. 8), 18–48 auf die relativ hohe Stellung der Frauen der Patriarchen in der Genesis aufmerksam. Sie lenkt den Blick auf die Zivilcourage israelitischer Frauen in Ägypten, ja sie erwähnt sogar den weiblichen Protest gegen den Ausschluß vom Landbesitz und Erbrecht (Num 27,1–7). Fern von aller Glorifizierung der im Alten Testament berichteten weiblichen Taten, widmet sie sich auch den uns heute wegen Nationalismus und Grausamkeit fernstehenden Frauengestalten und überrascht schließlich mit der Hypothese, daß sich hinter dem als Deuterojesajas bezeichneten biblischen Schriftsteller (Js 40–55) eine Frau verbergen könnte. Vgl. zu den alttestamentlichen Prophetinnen auch Clarence J. Vos (Anm. 9), 173–197.

[13] Vgl. zu dieser Thematik auch Sidney Cornelia Callahan, *The Illusion of Eve. Modern Woman's Quest for Identity,* New York 1965, 52–56; Margaret Brackenbury Crook, *Women and Religion,* Boston 1964, 45–63.

[14] Simone de Beauvoir, *Das andere Geschlecht. Eine Deutung der Frau,* rde 99, Reinbek 1960, 37. Vgl für alles Folgende auch Johannes Leipoldt, *Die Frau in der antiken Welt und im Urchristentum,* Gütersloh 1962.

[15] Mary Daly, *The Church and the Second Sex,* 1968, deutsch: *Kirche, Frau und Sexus,* Olten/Freiburg 1970, 48. Vgl. auch Sidney Cornelia Callahan (Anm. 13), 37f.

[16] Vgl. das Kapitel „Maria von Magdala. Die Frau im Zeugnis des Christusglaubens" bei Elisabeth Gössmann (Anm. 12), 41–70. Vgl. auch Barbara Albrecht, *Es waren da auch Frauen. Zur beruflichen Mitarbeit der Frau im kirchlichen Dienst,* Freiburg 1967, 68–73.

[17] Vgl. das Kapitel „The Biblical View of Male and Female", in: *The Bible and the Role of Women. A Case Study in Hermeneutics,* Philadelphia 1966, 25–43, deutsch bei Elisabeth Moltmann-Wendel (Ed.), *Frauenbefreiung. Biblische und theologische Argumente,* München/Mainz 1978, 118–132.

[18] Else Kähler, *Die Frau in den paulinischen Briefen unter besonderer Berücksichtigung des Begriffs der Unterordnung,* Zürich 1960.

[19] A.a.O. 84.

[20] So noch Jean Galot S.J., *L'Église et la Femme,* Paris 1965, 17–20.

[21] Else Kähler (Anm. 18), 53f.

[22] Zu der Reihe Gott – Christus – Mann – Frau in 1 Kor 11 berichtet Else Kähler S. 49ff über die verschiedenen ihr vorliegenden exegetischen Auffassungen (Stufenfolge oder Umschlossenheit der anthropologischen Aussagen von den christologischen). Sie selbst erkennt in diesem Kapitel keine Unterordnung der Frau unter den Mann, da sie diese auch für Christus und Gott ablehnt. Sie glaubt vielmehr, daß Paulus zunächst aufgrund des für ihn die Schöpfungsordnung repräsentierenden Kap. 2 der Genesis argumentiert und diese Aussagen dann wieder auflöst, indem er in V. 11f von der Erlösungsordnung aus argumentiert.

23 Vgl. dazu Elisabeth Gössmann, *Laie und Theologie nach dem Zweiten Vaticanum,* in: Michael Schmaus, Heinz Robert Schlette, Elisabeth Gössmann, *Theologie im Laienstand,* München 1966.

24 So auch Else Kähler (Anm. 18), 84, die mit Recht betont, daß das Wort „sich unterordnen" hier nicht auf den Mann, sondern auf die Gottesdienstordnung bezogen ist.

25 So Gottfried Fitzer, *„Das Weib schweige in der Gemeinde". Über den unpaulinischen Charakter der mulier-taceat-Verse in 1 Kor 14,* Theologische Existenz heute, Neue Folge Nr. 110, München 1963. Zur Kritik an der Re-Judaisierungsthese vgl. jedoch Judith Plaskow, *Christian Feminism and Antijudaism,* in: Cross Currents 26 (1978), 306–309.

26 Elisabeth Gössmann, *Das Bild der Frau heute,* Düsseldorf 1967², 39f. Etwas anders Haye van der Meer in seiner schon 1962 entstandenen Dissertation *Priestertum der Frau? Eine theologiegeschichtliche Untersuchung,* Freiburg 1969, 21–34. Vgl. auch Anna Paulsen (Anm. 2), 157f.

27 Vgl. Elisabeth Gössmann (Anm. 26), 37f. Vgl. auch Else Kähler, *Die Bedeutung des Miteinander von Mann und Frau im Neuen Testament,* in: Christine Bourbeck (Ed.), *Zusammen. Beiträge zur Soziologie und Theologie der Geschlechter,* Witten 1965, 229–242.

28 Vgl. dazu z. B. Hermann Ringeling, *Bund und Partnerschaft in der Ehe,* in: Christine Bourbeck (Ed.) (Anm. 27), 242–261. Vgl. auch das Kapitel „Le mariage de Dieu et de l'humanité" bei René Laurentin, *Marie et l'Anthropologie Chrétienne de la Femme,* in: Nouvelle Revue Théologique 89 (1967), 485–515.

29 So etwa Krister Stendahl (Anm. 17), 126–132. Vgl. auch Paul K. Jewett, *Man as Male and Female. A Study in Sexual Relationship from a Theological Point of View,* Grand Rapids 1976², 148.

30 Vgl. Anna Paulsen (Anm. 2), 152–158. Elisabeth Gössmann (Anm. 26), 32.

31 Vgl. z. B. Elisabeth Gössmann (Anm. 26), 40. Helmut Begemann, *Strukturwandel der Familie. Eine sozialethisch-theologische Untersuchung über die Wandlung von der patriarchalischen zur partnerschaftlichen Familie,* Witten 1966².

32 Eph 5,21. Zu den im Neuen Testament berichteten apostolischen Aktivitäten von Frauen, in denen sich die restriktiven Frauenstellen der neutestamentlichen Briefe nicht widerspiegeln, vgl. Elsie Thomas Culver (Anm. 8), 49–62.

33 Vgl. etwa Kate Millett, *Sexual Politics,* 1969, deutsch: *Sexus und Herrschaft. Die Tyrannei des Mannes in unserer Gesellschaft,* München 1971, 65f: „Das Patriarchat hat Gott auf seiner Seite ... Der Mythos des Sündenfalls ist eine besser ausgearbeitete Fassung desselben Themenkreises. Die Geschichte vom Sündenfall ist der Zentralmythos der jüdisch-christlichen Vorstellungswelt und unser unmitelbares kulturelles Erbe. Er übt daher auch in einem rationalistischen Zeitalter noch einen tiefen Einfluß auf uns aus. Dies gilt auch, wenn wir schon lange den Glauben an seine wörtliche Wahrheit aufgegeben haben, denn auf gefühlsmäßiger Basis stimmen wir ihm immer noch zu. Die mythische Version der Frau als der Ursache allen menschlichen Leidens, des Wissens und der Sünde ist der Kernpunkt der patriarchalischen Tradition in der westlichen Welt." Vgl. auch Marielouise Janssen-Jurreit, *Sexismus. Über die Abtreibung der Frauenfrage,* Frankfurt 1979 (FT 3704), 185–187. Die sonst so zuverlässig arbeitende Autorin beendet ihre Feststellungen über das Bild der Frau in der Katholischen Kirche mit Pius XII.

[34] Phyllis Trible, *Depatriarchalizing in Biblical Interpretation,* in: Journal of the American Academy of Religion 41 (1973), deutsch bei Elisabeth Moltmann-Wendel (Anm. 17), 94. Vgl. auch Phyllis Trible, *Eve and Adam: Genesis 2–3 Reread,* in: Carol P. Christ, Judith Plaskow (Ed.), *Womanspirit Rising. A Feminist Reader in Religion,* New York 1979, 74–83.
[35] Vgl. Mary Dalys „New Feminist Postchristian Introduction" zur 2. Auflage von *The Church and the Second Sex,* New York 1975. – In der Schwebe zwischen „christian" und „postchristian" bleibt die Position von Sheila D. Collins, *A Different Heaven and Earth,* Valley Forge 1974. Sie weist in ihrer alttestamentlichen Exegese auf eine mögliche spätere Vermännlichung einer ursprünglich weiblichen Elohim-Gottheit hin (124–128), spricht polemisch davon, daß die alten Götter und Göttinnen „were castigated by the monotheists as ‚false' or ‚pagan' gods" (140), lehnt die biblische Offenbarung als exklusiven Überlieferungsweg der Wahrheit ab (141), fühlt sich aufgrund eines spiralenförmigen Zeitbegriffs dem „pre-Judeo-Christian" Weltverständnis und damit der „Göttin" wieder nahe (142–145), schmäht „Yahwistic writers" des Alten Testamentes wegen ihrer Abwehr des Baal- und Astarte-Kultes (167), aber macht am Schluß doch wieder eine Verbeugung vor institutioneller Kirchlichkeit und drückt die Hoffnung aus, daß Hierarchien abgebaut und Polarisationen aufgelöst werden (232 f). Die Autorin ähnelt in ihrer Konzeption sehr der von ihr oft zitierten Mary Daly, ohne jedoch deren Entschiedenheit zu teilen.
[36] George H. Tavard, *Woman in Christian Tradition,* Notre Dame/London 1973, 8. Placidius Jordan, *Die Töchter Gottes. Zum Thema Frau und Kirche,* Frankfurt 1973, 11 f. erwähnt ebenfalls die Auffassung von der Frau als Vollendung der Erschaffung des Menschen, weist sie nicht von der Hand und führt sie teilweise auf gnostische Einflüsse zurück.
[37] Phyllis Trible (Anm. 34), 106; dieselbe, *God and the Rhetoric of Sexuality,* Philadelphia 1978, 102: „Finally, woman is not derived from man, even as the earth creature ist not derived from the earth ... No opposite sex, no second sex, no derived sex – in short, no Adam's rib. Instead, woman is the culmination of creation, fulfilling humanity in sexuality."
[38] Georg H. Tavard (Anm. 36), 10. Vgl. Phyllis Trible (Anm. 34), 95: „Hier (sc. bei Jahwe) handelt es sich um eine Gottheit, die anders ist als die Fruchtbarkeitsgötter des antiken Nahen Ostens, eine Gottheit, deren Verehrung einen Kult der Sexualität nicht zulassen kann, eine Gottheit, die als eine Einheit beschrieben wird ... und somit ungeschlechtlich ist." Anders jedoch Evelyn and Frank Stagg, *Woman in the World of Jesus,* Philadelphia 1978, 19: „The Priestly narrative implies femininity in God as much as masculinity – no more and no less. It is as male and female that man is the image of God."
[39] George H. Tavard (Anm. 36), 17: „The higher aspect of mankind becomes enslaved, and the ruder aspect, the man, takes over the leadership." Ähnlich Phyllis Trible 1978 (Anm. 37), 113: „The story does not say that she tempted him ... If the woman is intelligent, sensitive, and ingenious, the man is passive, brutish and inept." 128: „Alas, however, union is no more, one flesh is split. The man will not reciprocate the woman's desire, instead, he will rule over her ... The man dominates woman to pervert sexuality ... God describes this consequence but does not prescribe it as punishment." Vgl. auch Phyllis Bird, *Images of Women in the Old Testament,* in: Rosemary Radford Ruether (Ed.), *Religion and Sexism. Images of Woman in the Jewish and Christian*

*Traditions,* New York 1974, 41–77. Elizabeth Clark/Herbert Richardson, *Women and Religion. A Feminist Sourcebook of Christian Thought,* New York 1977, 29f. Im Vergleich zu den altorientalischen Mythologien deutet Rachel Adler in: Rita M. Gross (Ed.), *Beyond Androcentrism,* Missoula, Montana 1977, 239ff., Eva „as a devalued mother goddess". Trotz Kenntnis der Genesis-Interpretation von Phyllis Trible wird bei Evelyn and Frank Stagg (Anm. 38), 16–20, Gen 2 wiederum als Subordination der Frau verstanden, während nur für Gen 1 die Gleichheit von Mann und Frau anerkannt wird. Ohne jede Kenntnisnahme der gegenwärtigen Genesis-Exegese ist bei Erhard S. Gerstenberger und Wolfgang Schrage, *Frau und Mann* (Biblische Konfrontationen) Kohlhammer Taschenbuch 1013, Stuttgart 1980, 17, davon die Rede, daß Theologie und Kirche der unveränderlichen Schöpfungsordnung der Bibel blind vertrauen. „Wieso darf man in der Theologie ungestraft an den Einsichten anderer Humanwissenschaften vorbeigehen, nach denen der Mensch in erster Linie nicht Natur- sondern Kulturwesen ist?" Solche Ignoranz richtet sich selbst.

[40] Zur Sophia-Tradition vgl. Joseph Ratzinger, *Die Tochter Zion. Betrachtungen über den Marienglauben,* Einsiedeln 1977, 25: „Um der vollen Kompliziertheit des Sachverhalts gerecht zu werden, müßte man freilich noch bedenken, daß auch das Wort für ‚Geist' im Hebräischen ... weiblich ist und daß insofern, über die Geistlehre, gleichsam das Urbild des Weiblichen auf eine geheimnisvoll-verhüllte Weise schon in Gott selbst zu ahnen ist." – Zu allen genannten Themen vgl. Leonard Swidler, *Biblical Affirmations of Woman,* Philadelphia 1979, 21–66. – Zur weiblichen Dimension Gottes vgl. die verschiedenen Beiträge in Carol P. Christ, Judith Plaskow (Anm. 34). Vgl. aber auch die ironische Besprechung von David L. Miller, *The New Polytheism. Rebirth of the Gods and Goddesses,* New York 1974, durch Stephen J. Casey, in: Horizons 1 (1974), 120 f. Vgl. ferner J. Edgar Bruns, *God as Woman, Woman as God,* New York 1973; P. A. H. de Boer, *Fatherhood and Motherhood in Israelite and Judean Piety,* Leiden 1974; Paul D. Hanson, *Masculine Metaphors for God and Sex-discrimination in the Old Testament,* 1975, deutsch: *Männliche Metaphern für Gott und die unterschiedliche Behandlung der Geschlechter,* bei Elisabeth Moltmann-Wendel, (Anm. 17), 81–92; Carol Ochs, *Behind the Sex of God. Toward a New Consciousness-Transcending Matriarchy and Patriarchy,* Boston 1977; Kurt Lüthi, *Gottes neue Eva. Wandlungen des Weiblichen,* Stuttgart 1978, 162–202; Anita Röper, *Ist Gott ein Mann? Ein Gespräch mit Karl Rahner,* Düsseldorf 1979.

[41] Rosemary Haughton, *Ist Gott ein Mann?* in: Concilium 16 (1980), 266.

[42] Mehr als eigenartig ist die Position von Judith Plaskow in: Rita M. Gross (Anm. 39), 28: „As long as feminist Theology is monotheist, its content will have to come to reflect the fact that the God of women's experience is also the God of androgynous experiences of women and also the God of men. I suppose feminist Theology need not remain monotheist, but I do not think it is a coincidence that it has up until now." Dagegen Letty M. Russell, *Human Liberation in a Feminist Perspective – A Theology,* Philadelphia 1974, 79 f.: „It ist not necessary for ... women who are Christians to ... create new gods in order to liberate themselves. A return to pre-Biblical nature religions or insistence on a God who is literally black or female is not a necessary part of liberation theology."

[43] Rosemary Haughton (Anm. 41), 269. Vgl. auch Letty M. Russell (Anm. 5), 11: „Um in Gottesdienst und Glaube in einen personalen Bezug zu Gott zu

treten, können wir Gott sowohl mit weiblichen wie mit männlichen Metaphern unserer Kultur belegen und so unsere eigene, sich wandelnde menschliche Erfahrung zum Ausdruck bringen. Wenn wir sowohl weibliche wie männliche Metaphern für Gott verwenden, versuchen wir nicht, stereotype Geschlechterrollen einer bestimmten Kultur zu verstärken. Stattdessen versuchen wir, das ganze Spektrum dieser Metaphern aufleuchten zu lassen, damit unsere Bilder von uns selbst und von Gott vielfältiger und ganzheitlicher werden können." Es handelt sich also um ein theologisches Sprachproblem, wenn man sich bemüht, von Gott in einer nicht mehr nur männlichen Weise zu reden. Darum geht es bei Sharon Neufer Emswiler and Thomas Neufer Emswiler, *Woman and Worship. A Guide to Non-Sexist Hymns, Prayers and Liturgies,* New York 1974. Vgl. auch George H. Tavard, *Sexist Language in Theology?* in: Walter J. Burghardt, *Women: New Dimensions,* New York 1977², 124–148.

44 Vgl. Georgia Harkness, *Women in Church and Society,* New York 1972, 44ff. Phyllis Bird (Anm. 39), 67ff; Frank Crüsemann (Anm. 6), 69–81; John H. Otwell, *And Sarah Laughed. The Status of Woman in the Old Testament,* Philadelphia 1977; Leonard Swidler (Anm. 40), 85–90.

45 Elisabeth Schüssler Fiorenza, in: Letty M. Russell (Anm. 5), 41f.

46 Evelyn and Frank Stagg (Anm. 38), 27.

47 Jürgen Kegler in: Willy Schottroff, Wolfgang Stegemann (Ed.), *Traditionen der Befreiung 2, Frauen in der Bibel,* München/Stein 1980, 55. Vgl. auch Sharon Neufer Emswiler (Anm. 5), 57–61. Zahlreiche Untersuchungen gehen auch auf die in der Genesis berichteten Szenen der Preisgabe von Frauen ein. Vgl. z.B. Elizabeth Fisher, *Woman's Creation,* Garden City/N.Y. 1979, 344ff. In diesem Zusammenhang zeigt sich eine völlig verschiedene Beurteilung dessen, was mit Sarah geschieht. Nach E. Schüssler Fiorenza (Anm. 45), 37 greift Gott nur zugunsten der Rechte ihres Mannes ein, während er nach Frank Crüsemann (Anm. 6), 75 „zugunsten der verratenen und verkauften Frau" handelt.

48 Vgl. z.B. Mary K. Wakeman in: Rita M. Gross (Anm. 39), 80: „It was possible for Hosea to speak of the Lord of History as a husband, and so to make naught the gods of the nations, only by figuring the people, rather than the Goddess, as His bride." Man fürchtet dieses Bild, weil aus ihm „unabänderliche" Verhaltensnormen abgeleitet worden sind. Dazu Marie de Merode – de Croy: „Zu der Zeit, als dieses Bild (sc. der ehelichen Liebe) auf den Bund übertragen wurde, stand die Frau für das Volk Gottes, weil kulturell ihre Rolle als passiv aufgefaßt wurde … Aber je mehr sich die Auffassung von den Rollen ändert, … frage ich mich, ob es immer noch so bezeichnend ist, Gott als Ehemann und den Priester … als Mann zu denken." Concilium 16 (1980), 274. Einmal mehr wird hier gefordert, daß Bilder für die Liebe Gottes zur Menschheit, die im Alten wie Neuen Testament an patriarchalischen Strukturen orientiert sind, entsoziologisiert werden müssen. Zur Entsoziologisierung der Heilsaussagen vgl. Engelbert Neuhäusler, Elisabeth Gössmann, *Was ist Theologie?,* München 1966, 443–449.

49 Elisabeth Moltmann-Wendel, *Freiheit, Gleichheit, Schwesterlichkeit. Zur Emanzipation der Frau,* Kaiser-Traktate 25, München 1978², 22.

50 Vgl. dazu René Laurentin, *Jesus und die Frauen. Eine verkannte Revolution?* in: Concilium 16 (1980), 275–281.

51 Leonard Swidler, *Jesu Begegnung mit Frauen: Jesus als Feminist* (zuerst 1971 in: Catholic World), in: Elisabeth Moltmann-Wendel (Ed.), *Menschen-*

*rechte für die Frau. Christliche Initiative zur Frauenbefreiung*, München/ Mainz 1974, 132; derselbe, *Women in Judaism. The Status of Women in Formative Judaism*, Metuchen N.J. 1976, bes. 79–113; derselbe, *Jesu Begegnung mit Frauen. Ein Plädoyer für Gleichheit und Gleichberechtigung der Frau*, in: Diakonia 3 (1972), 229–239. Vgl. auch Anm. 40.

52 Zur Samariterin vgl. auch Alice Craig Faxon, *Women and Jesus*, 1973, deutsch: *Frauen im Neuen Testament*, München 1979, 54ff.; Sharon Neufer Emswiler (Anm. 5), 95–98. Große Beachtung findet in den Veröffentlichungen der siebziger Jahre auch die syrophönizische Frau (Matth. 15,21–28; Mk 7,24–30) als diejenige, an der Jesus seine Sendung nicht nur zu den Juden, sondern auch zu den Heiden bewußt wurde, vgl. Alice Craig Faxon a. a. O. 49–52, Sharon Neufer Emswiler a.a.O. 93–95. Vgl. auch Rachel Conrad Wahlberg, *Jesus according to a Woman*, New York 1975, 9–14.

53 A.a.O. (Anm. 51), 145. Vgl. auch Letty M. Russell (Anm. 42), 138.

54 Zum Themenkomplex der Sophia – Christologie vgl. z.B. Felix Christ, *Jesus Sophia. Die Sophia-Christologie bei den Synoptikern*, Zürich 1970; besonders die Beiträge von James M. Robinson, Elisabeth Schüssler Fiorenza und Birger A. Pearson in: Robert L. Wilken (Ed.), *Aspects of Wisdom in Judaism and Early Christianity*, Notre Dame – London 1975; Joan Chamberlain Engelsman, *The Feminine Dimension of the Divine*, Philadelphia 1979. Korrekturbedürftig: „Diese ruach Jahwe hat Platz machen müssen für den von Plotin entlehnten Logos im Johannesevangelium." Catharina J.M. Halkes, in: Concilium 16 (1980), 297.

55 Vgl. Hanna Wolff, *Jesus der Mann. Die Gestalt Jesu in tiefenpsychologischer Sicht*, Stuttgart 1976².

56 Raymond E. Brown, *Roles of Women in the Fourth Gospel*, 1975, deutsch: *Die Rolle der Frau im vierten Evangelium*, bei Elisabeth Moltmann-Wendel (Anm. 17), 138.

57 Belege bei Brown (Anm. 56), 139, Anm. 14.

58 Vgl. dazu vor allem Bernadette Brooten, *Junia ... Outstanding among the Apostles*, in: Leonard Swidler, Arlene Swidler (Ed.), *Women Priests*, New York 1977, 141–144, deutsch bei Elisabeth Moltmann-Wendel (Anm. 17), 148–151.

59 A.a.O. (Anm. 56), 140.

60 Constance f. Parvey, *The Theology and Leadership of Women in the New Testament*, in: Rosemary Radford Ruether, (Anm. 39), 137ff.

61 Man weist vielfach darauf hin, daß im Neuen Testament sowohl Männern wie Frauen außerhalb des Apostolats der Zwölfe das Apostelamt zugeeignet wird. Vgl. z.B. Sharon Neufer Emswiler (Anm. 5), 74. Elisabeth Schüssler Fiorenza, *Women Apostles: The Testament of Scripture*, in: Anne Marie Gardiner (Ed.), *Women and Catholic Priesthood: An Expanded Vision*, New York 1976, 94–102; dieselbe, *The Twelve*, in: Leonard Swidler, Arlene Swidler (Ed.) (Anm. 58), 114–122; dieselbe, *The Apostleship of Women in Early Christianity*, im gleichen Werk, 135–140.

62 Elisabeth Moltmann-Wendel (Anm. 49), 14.

63 Vgl. vor allem Elisabeth Schüssler Fiorenza, *Die Rolle der Frau in der urchristlichen Bewegung*, in: Concilium 12 (1976), 3–9; dieselbe, *Women in the Early Christian Movement*, in: Carol P. Christ, Judith Plaskow (Anm. 40), 84–92; dieselbe, *Word, Spirit and Power: Women in Early Christian Communities*, in: Rosemary Radford Ruether, Eleanor McLaughin (Ed.), *Women of Spirit. Female Leadership in the Jewish and Christian Traditions*, New

York 1979, 30–70; dieselbe, *Der Beitrag der Frau zur urchristlichen Bewegung*, in: Willy Schottroff, Wolfgang Stegemann (Ed.), (Anm. 47), 60–90.

[64] Elisabeth Schüssler Fiorenza 1980, (Anm. 63), 68.

[65] Zur Auslegung der Frauen-Stellen bei Paulus und in den Pastoralbriefen während der siebziger Jahre, in denen die verschiedensten Standpunkte eingenommen werden, seien hier nur beispielhaft einige Arbeiten genannt: George H. Tavard (Anm. 36), 28–36; Constance F. Parvey, in: Rosemary Radford Ruether (Ed.), (Anm. 39), 123–137; Wayne A. Meeks, *The Image of the Androgyne: Some Uses of a Symbol in Earliest Christianity*, in: History of Religions 12 (1972), 165–208; Roger Gryson, *Le Ministère des Femmes dans l'Eglise Ancienne*, Gembloux 1972, 22–32. Jean-Marie Aubert (Anm. 6), 29–45; Paul K. Jewett (Anm. 29), 134–170; J. Burri (Anm. 5), 139–163; Karl Hermann Schelkle (Anm. 5), 97–134; Evelyn and Frank Stagg (Anm. 38), 162–204; Hartwig Thyen, *„... nicht mehr männlich und weiblich"*, in: Frank Crüsemann, Hartwig Thyen (Ed.), (Anm. 6), 109–201.

[66] Leonard Swidler bleibt auch in seinem Werk von 1979 (Anm. 40) bei dem positiven Ansatz und verteidigt Lukas gegen manchen aus dem Umkreis der Redaktionshypothese möglichen Einwand. Vgl. a.a.O. 254–281.

[67] Leonard Swidler (Anm. 40) hält jedoch seinem positiven Ansatz entsprechend an der Unterscheidung von echten und unechten Paulusbriefen fest. Für ihn gibt es nur eine „ambivalent attitude toward women" bei Paulus, 1 Kor 11 (der Mann als Haupt der Frau). Alles andere, auch die „Haustafeln" in Eph 5,21–33 und Kol 3,18–25, ist für ihn deuteropaulinisch, ebenso wie 1 Petr 3,1–7 nicht von Petrus stammt.

[68] Elisabeth Schüssler Fiorenza 1980, (Anm. 63), 79.

[69] Elisabeth Schüssler Fiorenza 1980, (Anm. 63), 80.

[70] Elisabeth Schüssler Fiorenza 1980, (Anm. 63), 82.

[71] Elisabeth Schüssler Fiorenza 1980, (Anm. 63), 64.

## 4. KAPITEL

### *Sind die Kirchenväter misogyn?*

[1] Catharina J.M. Halkes, *Gott hat nicht nur starke Söhne. Grundzüge einer feministischen Theologie*, Gütersloh 1980, 21.

[2] Eleanor L. McLaughin, in: Anglican Theological Review 57 (1975), 36–56, Zitat auf S. 41.

[3] A.a.O.

[4] Wertvolle Vorarbeit leistete der Feministischen Theologie der sechziger und siebziger Jahre das Buch von Derrick Sherwin Bailey, *The Man-Woman-Relation in Christian Thought*, 1959, deutsch: *Mann und Frau im christlichen Denken*, Stuttgart 1963. Hier wird die Virginitätskultur des antiken Christentums und deren Kehrseite, eine pessimistische Sicht der Ehe, unter Einbeziehung der (meist gnostisch beeinflußten) apokryphen Literatur ausführlich beschrieben. Bailey bestreitet bereits die damals noch allgemeine Annahme, das Christentum habe einen bleibenden Wandel geschaffen, was den persönlichen, den ehelichen und den sozialen Status der Frau betrifft. Er behauptet stattdessen, daß die spirituelle Gleichrangigkeit der Geschlechter so gut wie gar nicht auf die soziale Position der Frau einwirkt. „There is little to distinguish the situation of the believer from that of her female pagan contemporaries." (S. 62).

[5] Vgl. Klaus Thraede, in: Gerta Schaffenorth, Klaus Thraede, *Freunde in Christus werden. Die Beziehung von Mann und Frau als Frage an Theologie und Kirche*, Kennzeichen 1, Gelnhausen/Berlin/Stein 1977, 142.
[6] Rosemary Radford Ruether, *Misogynism and Virginal Feminism in the Fathers of the Church*, in: dieselbe (Ed.), *Religion and Sexism. Images of Woman in the Jewish and Christian Traditions*, New York 1974, 150–183, Zitat auf S. 151.
[7] Vgl. Victoria Booth Demarest, *Sex and Spirit. God, Woman and Ministry*, St. Petersburg, Florida 1977, 48: „Jerome wrote also about Paula (Vidua), a famous Hebrew scholar. He confessed that he referred to her the most difficult portion on his commentary on Ezekiel." Vgl. auch Elsie Thomas Culver, *Woman in the World of Religion. From Pagan Priestesses to Ecumenical Delegates*, Garden City/N.Y. 1967, 78: „Paula and her daughter, Eustochium, also a Hebrew scholar, helped him translate the Hebrew Bible into Latin."
[8] Rosemary Radford Ruether (Anm. 6), 175.
[9] Belege bei Klaus Thraede (Anm. 5), 149 und ebenfalls bei Roger Gryson, *Le Ministère des Femmes dans l'Eglise Ancienne*, Gembloux 1972, 128f.
[10] Vgl. Rosemary Radford Ruether, *Mothers of the Church*, in: Rosemary Radford Ruether, Eleanor McLaughin (Ed.), *Women of Spirit. Female Leadership in the Jewish and Christian Traditions*, New York 1979, 72–98. Aufschlußreich ist die auf S. 75f. zitierte Hieronymus-Stelle, in der er über Marcellina sagt, daß diese ihre Schriftauslegung nie als eigene Meinung ausgegeben habe, sondern als von anderen empfangene Lehre, um so dem Lehrverbot „des Apostels" für Frauen nachzukommen. – Vgl. auch das Kapitel „Christian Mothers" bei Leonard Swidler, *Biblical Affirmations of Woman*, Philadelphia 1979, 339: „A significant number of the writings in the volumes of Migne's Patrologia Latina devoted to Jerome are in fact written by Christian women."
[11] Rosemary Radford Ruether (Anm. 10), 94.
[12] Für das Folgende vgl. die Kapitel „Out of Utopia" und „Liberation through the Ecclesia" bei George H. Tavard, *Woman in Christian Tradition*, Notre Dame/London 1973, 72–121.
[13] Vgl. George H. Tavard (Anm. 12), 76–80. Vgl. auch Bernhard P. Prusak, *Woman: Seductive Siren and Source of Sin?*, in: Rosemary Radford Ruether (Ed.) (Anm. 6), 89–116.
[14] Vgl. dazu z. B. E. Gössmann, *Mann und Frau in Familie und Öffentlichkeit*, München 1964, 19–23; Kari Elisabeth Børresen, *Subordination et Equivalence. Nature et Rôle de la Femme d'après Augustin et Thomas d'Aquin*, Oslo 1968; Rosemary Radford Ruether, *Liberation Theology. Human Hope Confronts Christian History and American Power*, New York 1972, 99ff; Klaus Thraede (Anm. 5), 158–169.
[15] Vgl. Klaus Thraede (Anm. 5), 161.
[16] Vgl. Kari Elisabeth Børresen (Anm. 14), 38f.
[17] Vgl. Elisabeth Gössmann, *Metaphysik und Heilsgeschichte. Eine theologische Untersuchung der Summa Halensis*, München 1964, 221. Auf die sowohl in häretischer wie in orthodoxer Gestalt auftretende Lehre vom Dualismus der Schöpfung als einer zunächst rein geistigen und dann materiellen, die man in den beiden ersten Genesiskapiteln belegt findet, kann in diesem Rahmen nicht eingegangen werden. Vgl. dazu z. B. Kari Elisabeth Børresen, *Die anthropologischen Grundlagen der Beziehung zwischen Mann und Frau in der klassischen Theologie*, in: Concilium 12 (1976), 10–17.

[18] Vgl. Richard A. Baer, *Philo's Use of the Categories Male and Female*, Leiden 1970.
[19] Vgl. dazu Klaus Thraede (Anm. 5), 35–87.
[20] Vgl. z. B. Jean Daniélou, *Le Ministère des Femmes dans l'Eglise Ancienne*, in: La Maison de Dieu, no. 61 (1960), 70–96. Zum Diakonat der Phoebe sagt er: „Il a le sens général de serviteur qu'il a d'ordinaire dans le Nouveau Testament." (S. 71). Zur frühchristlichen Frauenaktivität in der Kirche insgesamt: „Je dirai donc que je ne vois aucune des fonctions qui sont celles des ordres mineurs qui ne puisse être assumée par des femmes, en ce qui concerne leur aspect féminin, et qui en fait ne l'ait été." (S. 94) Nach Jean Galot, *Mission et Ministère de la Femme*, Paris 1973, war dagegen der altkirchliche Diakonat der Frau sakramental, wenn auch unter dem männlichen Diakonat eingestuft (Vgl. S. 27–46).
[21] Vgl. dazu die im vorhergehenden Kapitel zitierte Literatur.
[22] Vgl. dazu Clara Maria Henning, *Canon Law and the Battle of Sexes*, in: Rosemary Radford Ruether (Anm. 6), 267–291.
[23] Klaus Thraede (Anm. 5), 101. Vgl. auch Rosemary Radford Ruether, *Frau und kirchliches Amt in historischer und gesellschaftlicher Sicht*, in: Concilium 12 (1976), 17–23 und die dort angegebene Literatur.
[24] Ida Raming, *Von der Freiheit des Evangeliums zur versteinerten Männerkirche*, in: Concilium 16 (1980), 230–235, Zitate S. 232.
[25] Vgl. dazu u. a. Elizabeth Clark/Herbert Richardson, *Women and Religion. A Feminist Sourcebook of Christian Thought,* New York 1977, 37–52; Carolyn Osiek, *The Church Fathers and the Ministry of Women,* in: Leonard Swidler, Arlene Swidler (Ed.), *Women Priests. A Catholic Commentary on the Vatican Declaration*, New York 1977, 75–80. Leonard Swidler, *Biblical Affirmations of Woman*, Philadelphia 1979, 317–321. Elisabeth Schüssler Fiorenza, *Word, Spirit and Power. Women in Early Christian Communities,* in: Rosemary Radford Ruether, Eleanor McLaughin (Ed.), (Anm. 10), 30–70.
[26] Vgl. Klaus Thraede (Anm. 5), 129 ff.
[27] Vgl. Otto Bangerter, *Frauen im Aufbruch. Die Geschichte einer Frauenbewegung in der Alten Kirche,* Neukirchen 1971, 120. Bangerter macht auch auf den Zusammenhang von negativer Symbolik der weiblichen Natur und Zurückdrängung der Frauenaktivität aufmerksam. Interessant ist sein Hinweis auf die Missdeutung der im NT bezeugten Funktionen von Frauen durch den Ambrosiaster (S. 127 f).

## 5. KAPITEL

### *Die scholastische Theorie der doppelten Unterwerfung und die Emanzipationsmöglichkeiten der Frau im Mittelalter*

[1] Vgl. Emma Thérèse Healy, *Woman according to St. Bonaventure*, Erie, Pa. 1956 (nach Angabe der Staatsbibliothek München in deutschen Bibliotheken nicht vorhanden); Elisabeth Gössmann, „Der Mensch als Mann und Frau", in: *Metaphysik und Heilsgeschichte. Eine theologische Untersuchung der Summa Halensis*, München 1964, 215–229; Kari Elisabeth Børresen, *Subordination et Equivalence; Nature et Rôle de la Femme d'après Augustin et Thomas d'Aquin,* Oslo 1968.
[2] Vgl. Elisabeth Gössmann, *Die Verkündigung an Maria im dogmatischen*

*Verständnis des Mittelalters,* München 1957; Kari Elisabeth Børresen, *Anthropologie Médiévale et Théologie Mariale,* Oslo 1971.

[3] Eleanor McLaughin, *Equality of Souls, Inequality of Sexes: Woman in Medieval Theology,* in: Rosemary Radford Ruether, *Religion and Sexism. Images of Woman in the Jewish and Christian Traditions,* New York 1974, 213–266, Zitat S. 216.

[4] „The Church provided an institution, and a calling, the monastic life, which symbolized and often gave concrete opportunity to exercise that spiritual equivalence in which all persons, female and male, are called alike to Christian perfection." A. a. O. 260.

[5] Vgl. Eleanor McLaughin, *Women, Power and the Pursuit of Holiness in Medieval Christianity,* in: Rosemary Radford Ruether, Eleanor McLaughin (Ed.), *Women of Spirit. Female Leadership in the Jewish and Christian Traditions,* New York 1979, 100–130.

[6] Vgl. das Kapitel „Hildegard von Bingen" bei Elisabeth Gössmann, *Die Frau und ihr Auftrag. Gestalten und Lebensformen,* Freiburg 1965, 84–111.

[7] Für das 12. Jahrhundert vgl. vor allem Marie-Thérèse d'Alverny, *Comment les Théologiens et les Philosophes voient la Femme,* in: *La Femme dans les Civilisations des Xe-XIIIe Siècles.* Actes du colloque tenu à Poitiers (23.–25. Sept. 1976), Poitiers 1977, 15–39. Oft wird in der Frauenforschung auf das relativ positive Frauenbild des Abaelard verwiesen. Darüber kann jedoch z. Zt. nichts Genaues gesagt werden, weil sowohl für die Selbstbiographie Abaelards, als auch für den Briefwechsel mit Heloise die Echtheitsfrage von neuem gestellt worden ist. Vgl. die Beiträge von D. E. Luscombe, John F. Benton, Peter Dronke und Peter v. Moos, in: Rudolf Thomas (Ed.), *Petrus Abaelardus,* Trier 1980.

[8] Vgl. Ida Raming, *Der Ausschluß der Frau vom priesterlichen Amt. Gottgewollte Tradition oder Diskriminierung?,* Köln/Wien 1973, 7–77. Die Autorin beruft sich auf Haye van der Meer, *Priestertum der Frau? Eine theologiegeschichtliche Untersuchung,* Freiburg 1969.

[9] A. a. O. S. 62, Anm. 259.

[10] Clara Maria Henning, *Canon Law and the Battle of the Sexes,* in: Rosemary Radford Ruether (Anm. 3), 267–291. Zitat S. 270.

[11] Elisabeth Gössmann, *Anthropologie und soziale Stellung der Frau nach Summen und Sentenzenkommentaren des 13. Jahrhunderts,* in: *Soziale Ordnungen im Selbstverständnis des Mittelalters,* Miscellanea Mediaevalia 12, ed. Albert Zimmermann, Berlin 1979, 281–297. Belege für das Folgende (und Literaturangaben) in dieser Abhandlung, die sich mit Albertus Magnus, Alexander Halensis, Bonaventura und Thomas v. Aquin befaßt. Zitat S. 283. Vgl. auch Kari Elisabeth Børresen, *Die anthropologischen Grundlagen der Beziehung zwischen Mann und Frau in der klassischen Theologie,* in: Concilium 12 (1976), 10–17.

[12] Augustinus, *De genesi ad literam VIII, 23,44.*

[13] Vgl. dazu Elisabeth Gössmann, *Glaube und Gotteserkenntnis im Mittelalter,* Handbuch der Dogmengeschichte (ed. M. Schmaus, A. Grillmeier, L. Scheffczyk) B. I/2b, Freiburg 1971.

[14] So vor allem Eleanor McLaughin. Mary Daly spricht in ihrem ersten Buch in bezug auf das Frauenbild der Tradition bereits wesentlich schärfer von einer Sammlung von Widersprüchen, von verwirrender Doppeldeutigkeit etc. Vgl. *The Church and the Second Sex,* 1968, deutsch: *Kirche, Frau und Sexus,* Olten/Freiburg 1970, 41–94.

[15] Zu den biologischen Auffassungen von der Frau im Mittelalter vgl. Julia O'Faolain, Lauro Martines (Ed.), *Not in God's Image. Women in History from the Greeks to the Victorians*, New York 1973, 118–126.

[16] Für das Folgende vgl. Eleanor McLaughin, *Die Frau und die mittelalterliche Häresie: ein Problem der Geschichte der Spiritualität*, in: Concilium 12 (1976), 34–44. Hier findet sich auch die Auseinandersetzung mit der vorhergehenden Forschung.

[17] A.a.O. 36

[18] A.a.O. 36

[19] A.a.O. 37. Vgl. auch Shulamith Shahar, *Die Frau im Mittelalter*, Königstein 1981, 213–231. Jedoch ist diese Untersuchung in soziologischer Hinsicht zuverlässiger als in theologischer. Vgl. auch Eileen Power, *Medieval Women* (Ed. M.M. Postan), Cambridge 1975.

[20] Vgl. Eleanor McLaughin (Anm. 16), 37.

[21] Unter den mittelalterlichen Mystikerinnen scheint sich die Feministische Theologie bis jetzt besonders für Juliana von Norwich zu interessieren, und zwar wegen ihrer androgynen „God-language". Vgl. u.a. Elizabeth Clark/Herbert Richardson, *Women and Religion. A Feminist Sourcebook of Christian Thought*, New York 1977, 102–112. Katharine Moore, *She for God. Aspects of Women and Christianity*, London 1978, 49–64.

[22] Aus dem Schrifttum zur jurisdiktionellen Vollmacht der Äbtissin im früheren Mittelalter, vor allem wo sie Doppelklöstern vorstand, vgl. u.a. Joan Nicholson, *Feminae gloriosae. Women in the age of Bede*, in: Derek Baker (Ed.), *Medieval Women*, Oxford 1978, 15–30. Innerhalb der ernsthaften Feministischen Theologie wird stark kritisiert Joan Morris, *The Lady was a Bishop, The Hidden History of Women with Clerical Ordination and the Jurisdiction of Bishops*, New York 1973.

[23] Vgl. Stephen E. Wessley, *The thirteenth Century Guglielmites: Salvation through Women*, in: Derek Baker (Anm. 22), 289–303.

[24] Vgl. dazu Elisabeth Gössmann, *Antiqui und moderni im Mittelalter. Eine geschichtliche Standortbestimmung*, München – Paderborn – Wien 1974, 59–63.

## 6. KAPITEL

### *Frauenverfolgung und Frauenbefreiung – die religiös motivierte Geschichte der Frau in der frühen Neuzeit*

[1] Die Veröffentlichungen des Feminismus zum Hexenwahn können hier nicht aufgelistet werden. Vgl. die in Kap. 1 und 2 angegebenen Werke zum Feminismus mit ihren diesbezüglichen Literaturangaben.

[2] Vgl. z.B. Elizabeth Clark/Herbert Richardson, *Women and Religion. A Feminist Sourcebook of Christian Thought*, New York 1977, 116–130.

[3] Vgl. Auke J. Jelsma, *Heilige und Hexen. Die Stellung der Frau im Christentum*, Konstanz 1977, 94. Rosemary Radford Ruether, *New Woman, New Earth. Sexist Ideologies and Human Liberation*, deutsch: *Frauen für eine neue Gesellschaft, Frauenbewegung und menschliche Befreiung*, München 1979, 101–126.

[4] Rosemary Radford Ruether (Anm. 3), 119.

[5] Vgl. Nancy van Vuuren, *The Subversion of Women as practiced by Churches, Witch-hunters, and Other Sexists*, Philadelphia $1974^2$, bes. S. 71–116.
[6] Mary Daly, *Gyn/Ecology. The Metaethics of Radical Feminism*, Boston 1978, 178–222.
[7] A. a. O. (Anm. 6), 182. [8] A. a. O. (Anm. 6), 183.
[9] Vgl. Josef Mörsdorf, *Gestaltwandel des Frauenbildes und Frauenberufs in der Neuzeit*, München 1958, 33f. Der Verfasser gibt auch zahlreiche Hinweise auf die pädagogische Literatur der Renaissance, in der gleiche Begabungen bei männlichen und weiblichen Menschen anerkannt werden – ganz im Gegensatz zu den kirchlichen Dokumenten zur Hexenverfolgung, die die intellektuelle und moralische Minderwertigkeit der Frau voraussetzen. Zur Anerkennung der Gleichheit der Begabungen von Mann und Frau vgl. auch Jane Dempsey Douglass, *Women and the Continental Reformation,* in: Rosemary Radford Ruether (Ed.), *Religion and Sexism. Images of Woman in the Jewish and Christian Traditions,* New York 1974, 292–318, bes. S. 305.
[10] A. a. O. (Anm. 6), 190.
[11] A. a. O. (Anm. 6), 197.
[12] So schon Elsie Thomas Culver, *Women in the World of Religion. From Pagan Priestesses to Ecumenical Delegates*, Garden City/N.Y. 1967, 125–141.
[13] Vgl. Rosemary Radford Ruether (Anm. 3), 114; Auke J. Jelsma (Anm. 3), 95.
[14] Rosemary Radford Ruether (Anm. 3), 112.
[15] Gerta Schaffenorth, *Freunde in Christus. Die Beziehung von Mann und Frau bei Luther im Rahmen seines Kirchenverständnisses*, in: Gerta Schaffenorth, Klaus Thraede, *Freunde in Christus werden. Die Beziehung von Mann und Frau als Frage an die Kirche*, Gelnhausen/Berlin/Stein 1977, 199.
[16] Gerta Schaffenorth (Anm. 15), 199. Vgl. Jane Dempsey Douglass (Anm. 9), die den Bericht einer Genfer Nonne zur Reformationszeit wiedergibt: „But we see in Sister Jeanne's account that though the protestants talked of freedom, to the nuns they seemed to bring a new sort of constraint, a constraint to marry and be subject to husbands." (S. 314)
[17] Vgl. dazu auch die Ansicht von Herbert Marcuse, *Ideen zu einer kritischen Theorie der Gesellschaft,* Frankfurt $1969^3$, 59–81.
[18] Gerta Schaffenorth (Anm. 15), 230.
[19] Zitat nach Gerta Schaffenorth (Anm. 15), 233.
[20] Jane Dempsey Douglass (Anm. 9), 297.
[21] Jane Dempsey Douglass (Anm. 9), 299.
[22] Jane Dempsey Douglass (Anm. 9), 300f.
[23] Zu Teresa v. Avila vgl. Mary Daly in ihrem ersten Buch, *The Church and the Second Sex,* 1968, deutsch: *Kirche, Frau und Sexus*, Olten/Freiburg 1970, 71–74.
[24] Vgl. zu beiden Mary Daly (Anm. 23), 77–82; Ruth P. Liebowitz, *Virgins in the Service of Christ. The Dispute over an Active Apostolate for Women During the Counter-Reformation*, in: Rosemary Radford Ruether, Eleanor McLaughin (Ed.), *Women of Spirit. Female Leadership in the Jewish and Christian Traditions*, New York 1979, 132–152.
[25] F. Ellen Weaver, *Cloister and Salon in Seventeenth Century Paris: Introduction to a Study in Women's History*, in: Rita M. Gross (Ed.), *Beyond Androcentrism. New Essays on Women and Religion*, Missoula, Montana, 1977, 159–175, Zitat S. 163.

[26] Vgl. z. B. Elaine C. Huber, *A Woman Must Not speak – Quaker Women in the English Left Wing*, in: Rosemary Radfort Ruether, Eleanor McLaughin (Anm. 24), 154–181. Vgl. auch die späteren Kapitel in: Katharine Moore, *She for God. Aspects of Women and Christianity*, London 1978.

## 7. KAPITEL

### *Gegenwärtige Ziele und Bestrebungen der Feministischen Theologie*

[1] Zur Auseinandersetzung der Feministischen Theologie Amerikas mit anderen Befreiungsbewegungen vgl. Rosemary Radford Ruether, *New Woman – New Earth. Sexist Ideologies and Human Liberation*, 1975, deutsch: *Frauen für eine neue Gesellschaft. Frauenbewegung und menschliche Befreiung*, München 1979, 127–148; dieselbe, *Is there a Black Theology? The Validity and Limits of a Racial Perspective*, und *Latin American Theology of Liberation and the Birth of a Planetary Humanity*, beides in: Rosemary Radford Ruether, *Liberation Theology. Human Hope Confronts Christian History and American Power*, New York 1972.

[2] Michael Schmaus, *Katholische Dogmatik 5, Mariologie*, München 1961², V.

[3] Michael Schmaus (Anm. 2), 5.

[4] Siehe oben S. 41 f.

[5] Vgl. dazu Rosemary Radford Ruether, *Mary – The Femine Face of the Church*, 1977, deutsch: *Maria. Kirche in weiblicher Gestalt*, München 1980, 67: „Zwischen dem 12. und 15. Jahrhundert steigt ihr Stern in der Theologie immer höher, ihr Ruhm wächst mehr und mehr – im umgekehrten Verhältnis zur Abwertung der lebenden Frauen." Vgl. auch Elisabeth Schüssler Fiorenza: „The myth of the virginal mother functions to separate the women within the Roman Catholic community from one another ... Roman Catholic tradional theology has a place for women only as mother or nun. The Mary-myth thus sanctions a deep psychological and institutional split." *Feminist Theology as a Critical Theology of Liberation*, in: Walter J. Burghardt, *Woman: New Dimensions*, New York 1977², 47.

[6] Vgl. z. B. Otto Bardenhewer, *Mariae Verkündigung. Ein Kommentar zu Lukas 1,26–38*, Biblische Studien X, 5, Freiburg 1905.

[7] Catharina J. M. Halkes, *Gott hat nicht nur starke Söhne. Grundzüge einer feministischen Theologie*, Gütersloh 1980, 97. Zuzustimmen ist der Autorin in der Meinung, daß es von einer übertriebenen Christologisierung der Mariologie zeugt, wenn alte Marienfeste wie Mariae Lichtmeß und Mariae Verkündigung jetzt plötzlich „Darbringung des Herrn" und „Ankündigung des Herrn" heißen sollen.

[8] Vgl. Michael Schmaus, *Das Wesen des Christentums*, Ettal 1954³.

[9] Andrew Greeley, *The Mary Myth. On the Femininity of God*, 1977, deutsch: *Maria – Über die weibliche Dimension Gottes*, Graz 1979. Der Verfasser streitet zwar ab, daß sein Buch etwas mit der (theologischen) Frauenbewegung zu tun hat (S. 9), aber es entspricht doch deren Intentionen, wenn es die religionsgeschichtliche Linie von der Verehrung einer weiblichen Gottheit zu Maria nachzeichnet (S. 16ff.). Maria steht für Greeley in der Tradition der Göttin, sie nimmt den Platz in der menschlichen Seele ein, den diese vorher eingenommen hatte, sie erfüllt das religiöse Bedürfnis der Menschen, „das die Gottheit sowohl als männlich wie auch als weiblich erfahren möchte."

(S. 20) Zwar stellt Greeley klar, daß Gott weder Mann noch Frau sei, „sondern in Gott sind die wertvollsten männlichen und die wertvollsten weiblichen Eigenschaften in einer höheren Einheit verbunden" (S. 74), der Zug zur Entwertung des Historischen und die Vorliebe für das Psychologisch-Archetypische sind aber unverkennbar, obwohl immer wieder die Rückbindung der re-mythologisierten an die historische Gestalt Marias beteuert wird (z. B. S. 109). Die Auffassung von einer verstärkten Unterdrückung der Frau in der Katholischen Kirche durch eine korrupte Mariologie teilt Greeley mit dem exponierten Standpunkt der Feministischen Theologie. Vgl. auch die Arbeit des von Greeley mit großer Zustimmung zitierten Geoffrey Ashe, *The Virgin*, London 1976.

[10] Vgl. Carharina J. M. Halkes (Anm. 7), 117.

[11] Harvey Cox, *Verführung des Geistes*, Stuttgart 1973, 176–182.

[12] A. a. O. 180.

[13] Rosemary Radford Ruether (Anm. 5), 8. Es stimmt jedoch nicht, wenn sie meint, „die in der Jungfräulichkeit erhaltene weibliche Autonomie, Symbol einer eschatologischen Menschheit", sei in der bisherigen Mariologie abgelehnt worden (S. 11). Vgl. dazu Michael Schmaus (Anm. 2), 157 f. u. ö.

[14] Rosemary Radford Ruether (Anm. 5), 14. Die dogmengeschichtliche Entwicklung dieser Lehre ist von der Autorin jedoch sehr ungenau dargestellt (S. 69–71). Wer die Dogmengeschichte kennt, weiß, daß das, was Rosemary Radford Ruether im Überschwang neuer mariologischer Begeisterung als „quälenden Weg der Theologisierung" bezeichnet, keineswegs überflüssig war. Es war ein Kampf gegen die Mythologisierung Marias und ein Ringen um die Vereinbarung von Erlösungsbedürftigkeit und außergewöhnlicher Gnade.

[15] Rosemary Radford Ruether (Anm. 5), 69. Vgl. jedoch dazu die bei Michael Schmaus (Anm. 2), 321–379 angegebenen Traditionszeugnisse.

[16] Diese Behauptung übernimmt ungeprüft auch Paul Schmidt, *Perspektiven einer zeitgemäßen Mariologie,* Kevelaer 1974, 64, eine sonst so erfreuliche Arbeit. Vgl. auch Joan Arnold: „Aus allem wäre der Schluß zu ziehen, daß Maria der ungleiche Partner im Erlösungswerk ist und die Frauen ungleiche Partner beim Werk der Mit-Erlösung, das die Kirche tut". *Maria – Gottesmutter und Frau: Eine Untersuchung über sich ändernde Leitbilder,* in: Concilium 12 (1976), 24–29. Zitat auf S. 28. Der Trend zu Maria, der „Miterlöserin" auf gleicher Ebene, um die Stellung der Frau in der Kiche zu heben, ist also unverkennbar. Die theologischen Folgen sind nicht reflektiert.

[17] Joseph Ratzinger, *Die Tochter Zion. Betrachtungen über den Marienglauben der Kirche*, Einsiedeln 1977, 30.

[18] Für das Folgende vgl. Elisabeth Gössmann, *Die Verkündigung an Maria im dogmatischen Verständnis des Mittelalters*, München 1957.

[19] Die gegenwärtige Theologie sieht hier den Ansatzpunkt für eine ekklesiologische Mariologie. Vgl. Joseph Ratzinger (Anm. 17), 66 f.

[20] Vgl. z. B. Kallistos Ware in: Peter Moore (Ed.), *Man, Woman, Priesthood,* London 1979², 78.

[21] Paul Schmidt (Anm. 16), 77.

[22] Vgl. Margaret Sittler Ermath, *Adam's Fractured Rib. Observations on Women in the Church*, Philadelphia 1970, 76 ff.

[23] Vgl. Alla Bozarth-Campbell, *Womanpriest. A Personal Odyssey,* New York 1978. Zur Diskussion in der anglikanischen Kirche vgl. Hugh Montefiore (Ed.), *Yes to Women Priests,* Oxford 1978; Thomas R. W. Longstaff, *The Ordi-*

*nation of Women: A Biblical Perspective*, in: Anglican Theological Review 57 (1975), 316–327. – Vgl. auch Emily C. Hewitt, Suzanne R. Hiatt, *Women Priests: Yes or no?*, New York 1973.

[24] Vgl. die Beiträge von Michael Schmaus, Heinz Robert Schlette, Elisabeth Gössmann in: Michael Schmaus, Elisabeth Gössmann (Ed.), *Theologie im Laienstand*, München 1966.

[25] Vgl. Elisabeth Schüssler, *Der vergessene Partner. Grundlagen, Tatsachen und Möglichkeiten der beruflichen Mitarbeit der Frau in der Heilssorge der Kirche*, Düsseldorf 1964.

[26] Gertrud Heinzelmann, *Wir schweigen nicht länger/We Won't Keep Silence any longer*, Zürich o.J. (1965). Vgl. auch Haye van der Meer, *Priestertum der Frau?*, Freiburg 1969. Vgl. ferner Gertrud Heinzelmann, *Die getrennten Schwestern*, Zürich 1967.

[27] A.a.O. (Anm. 26), 15.

[28] Inzwischen spricht man von einem Recht der Frau, „to have her call to ordination tested". Vgl. Anne Marie Gardiner (Ed.), *Women and Catholic Priesthood: An Expanded Vision. Proceedings of the Detroit Ordination Conference,* New York 1976, 20.

[29] Vgl. z.B. Jean Galot, *Mission et Ministère de la Femme*, Paris 1973, 196: „L' Incarnation est à l'origine du ministère sacerdotal ... C'est le sexe masculin qui a été assumé par le Fils." Vgl. auch die Beiträge in: Peter Moore (Ed.), (Anm. 20), besonders den von Louis Bouyer, 63–67: „Here, maybe, we have the final clue to the distinctive vocations ascribed to men and to women in the Church from the beginning. The special public vocation of man in the apostolic ministry was seen as a vocation to represent, among all the members of Christ, the Head, a vocation which, like that of the Head itself, belongs to men only. Similarly, the public vocation of women was understood as a vocation to represent the Church as a body, as the Bride of Christ, in its unity as well as in its eschatological integrity. This could be the vocation of women only, as it had been the special vocation of Mary. Once again, no possible idea of inferiority could be connected with that specialization, since the Virgin Mary was soon to be considered as higher, in the Church, than the Twelve and St. Paul." (S. 65). Vgl. ebenfalls Louis Bouyer, *Frau und Kirche*, Einsiedeln 1977, mit Nachwort von Hans Urs v. Balthasar. Zur Überwindung symbolischer Gründe gegen das Priestertum der Frau vgl. verschiedene Beiträge in Robert J. Heyer, *Women and Orders*, New York 1974. Argumente für beide Standpunkte liefern die Beiträge in Michael P. Hamilton, Nancy S. Montgomery (Ed.), *The Ordination of Women: pro and con*, New York 1975.

[30] Vgl. Elisabeth Gössmann, *Die Frau als Priester?*, in: Concilium 4 (1968), 288–293.

[31] Jan Peters, *Die Frau im kirchlichen Dienst*, in: Concilium 4 (1968), 293.

[32] Vgl. Hildegard Harmsen, *Die Frau heute. Fragen an die Kirche*, Bergen-Enkheim 1967; Elisabeth Gössmann, *Frauen im kirchlichen Amt*, in: Johannes B. Bauer, *Die heißen Eisen von A bis Z,* Graz 1972, 162–168.

[33] Paul Schmidt (Anm. 16), 82.

[34] A.a.O. (Anm. 28), 22.

[35] A.a.O. (Anm. 28), 27f.

[36] A. a. O. (Anm. 28), 33f. Ähnliche Gedanken äußert für die Presbyterian Church Letty M. Russell in: Alice L. Hageman (Ed.), *Sexist Religion and Women in the Church*, New York 1974, 48–51.

[37] A. a. O. (Anm. 28), 34. Vgl. auch Ferdinand Menne, *Kirchliche Sexualethik und Geschlechterrollen in der Kirche*, in: Concilium 16 (1980), 236–242.
[38] A. a. O. (Anm. 28), 37. Für die Evangelische Kirche vgl. Erika Reichle, *Frauenordination. Studie zur Geschichte des Theologinnen-Berufs in den evangelischen Kirchen Deutschlands*, in: Claudia Pinl u. a., *Frauen auf neuen Wegen. Studien und Problemberichte zur Situation der Frau in Gesellschaft und Kirche*, Kennzeichen 3, Gelnhausen/Berlin/Stein 1978. Vgl. auch Norma Ramsey Jones, *Women in the Ministry*, in: Sarah Bentley Doely (Ed.), *Women's Liberation and the Church*, New York 1970, 60–69, bes. 67.
[39] A. a. O. (Anm. 28), 117.
[40] A. a. O. (Anm. 28), 83.
[41] A. a. O. (Anm. 28), 133. Vgl. auch Pat Mills: „Wenn irgend jemand denkt, daß ich damit den männlichen Klerus auf seiner eigenen Spielwiese herausfordern will, in seinen Kathedralen und Kanzleien, dann irrt er sich gewaltig. Mein Priestertum ist Dienst, nicht Prestige. Ich möchte es am liebsten vom Turm des Petersdoms in Rom in die Kirche schreien: ‚Hallo Leute, ihr könnt sie behalten, eure Macht und euren Ruhm, eure tapezierten Büros und eure dicken staubigen Kirchen. Ich mache sie euch nicht streitig. Laßt mir nur die Häuser der Menschen, die Straßen, die Hungrigen, die Einsamen, die Alten, die Ausgeflippten, die rebellische Jugend, die Sterbenden – und das Reich Gottes.' " Zitat nach Hildegard Lüning, *Wir sind nicht die Putzfrauen der Kirche*, in: Orientierung 44 (1980), 258.
[42] Karl Rahner, *Priestertum der Frau?*, in: Stimmen der Zeit 195 (1977), 291–301.
[43] A. a. O. 294.
[44] A. a. O. 295.
[45] Leonard Swidler, Arlene Swidler (Ed.), *Women Priests. A Catholic Commentary on the Vatican Declaration*, New York 1977, 8 f.
[46] A. a. O. (Anm. 45), 25–34; Zitat S. 26 f. Vgl. auch zu den beiden römischen Dokumenten die Beiträge in: James A. Coriden (Ed.), *Sexism and Church Law. Equal Rights and Affirmative Action*, New York 1977.
[47] Vgl. a. a. O. (Anm. 45), 241. Zum Thema siehe auch Elizabeth Carroll, *Women and Ministry*, in: *Walter J. Burghardt, Woman: New Dimensions*, New York 1977², 84–111.
[48] A. a. O. (Anm. 45), 61.
[49] A. a. O. (Anm. 45), 63. – Die Frage einer Erneuerung des Diakonats der Frau (im Sinne einer unter dem Presbyterat stehenden Weihestufe) ist kein ernsthaftes Thema für die Feministische Theologie, da sie von der vollen Gleichberechtigung von Mann und Frau – auch hinsichtlich der Qualifikation zum kirchlichen Amt – ausgeht. Vgl. dazu jedoch Walter Kasper, *Die Frau als Person*, in: Beitrag zur Diskussion (Anm. 52), 14–27.
[50] Elisabeth Gössmann, *Mann und Frau in Familie und Öffentlichkeit*, München 1964, 88–92. Vgl. die dort zitierte Literatur. In den sechziger Jahren wurde in Deutschland unter dem Stichwort „Jüngerschaft in der Kirche – Solidarität in der Gesellschaft" eine Theologie der Mitmenschlichkeit entwikkelt, wie sie in Amerika erst in den siebziger Jahren, wenngleich radikaler, zum Zuge kam. Vgl. Letty M. Russell, *The Future of Partnership*, Philadelphia 1979.
[51] Edith Stein, *Die Frau in Ehe und Beruf*, Freiburg 1962, 95.
[52] Eine Kritikerin des Feminismus verfährt nicht anders: „Die wissenschaftliche Redlichkeit läßt es nicht zu, frühe anthropologische Überlegungen un-

seres Jahrhunderts ungenannt zu lassen. In diesen Zusammenhang gehören vor allem Namen wie Edith Stein, Elisabeth Gössmann, Theoderich Kampmann. Ohne sie mit Kritik an dieser Stelle belegen zu wollen, muß dennoch festgehalten werden, daß diese Ansätze im Vollsinn des Wortes überholt sind." Margret Fell, *Feminismus: Subkultur in einer pluralistischen Gesellschaft*, in: *Beitrag zur Diskussion: Feminismus – eine Herausforderung*, Arbeitsgemeinschaft katholischer Frauenverbände, Köln 1981, 29. Ob auch das Kap. „Simone Weil und Edith Stein" in: Elisabeth Gössmann, *Die Frau und ihr Auftrag. Gestalten und Lebensformen*, Freiburg 1965, 171–198, überholt ist, sei den Lesern anheimgestellt.

[53] Elisabeth Gössmann, *Das Bild der Frau heute*, Düsseldorf 1967², 71 f.

[54] A.a.O. 76f.

[55] Vgl. das Kapitel „Das Konzil zur Stellung der Frau" in: Elisabeth Gössmann (Anm. 53), 41–50.

[56] Margaret A. Farley, in: Walter J. Burghardt (Anm. 47), 64.

[57] Vgl. z.B. Shulamith Firestone, *The Dialectic of Sex*, deutsch: *Frauenbefreiung und sexuelle Revolution*, Frankfurt 1970, 97.

[58] Kate Millett, *Sexual Politics*, 1969, deutsch: *Sexus und Herrschaft*, München 1971, 33.

[59] Vgl. z.B. Sheila D. Collins, *A Different Heaven and Earth*, Valley Forge 1974, 155f.

[60] Vgl. Rosemary Radford Ruether in: Eugene C. Bianchi-Rosemary Radford Ruether, *From Machismo to Mutuality*, New York 1976, 108f. Vgl. auch Marita Estor, *Amerikanischer Feminismus in Theologie und Gesellschaft*, in: Orientierung 42 (1978), 205–207.

[61] Rosemary Radford Ruether, *Women's Liberation and the Reconciliation with the Earth*, deutsch: *Frauenbefreiung und Wiederversöhnung mit der Erde*, in: Elisabeth Moltmann-Wendel (Ed.), *Frauenbefreiung. Biblische und theologische Argumente*, München/Mainz 1978, 192–202. Zitate S. 200ff.